Über dieses Buch:

Im Mittelpunkt der von Alfons Rosenberg entwickelten Meditation steht das Kreuz, das älteste Heilszeichen der Menschheit und zugleich das zentrale Symbol des christlichen Glaubens.
In seinem Buch vergegenwärtigt Rosenberg die größtenteils vergessene Symbolik des Kreuzes. Er findet in der Kreuzgestaltigkeit des Menschen den Ansatzpunkt zu Leib und Seele umfassenden meditativen Übungen, durch die der Meditierende zu sich selbst, zu harmonischem Körpergefühl und seelischem Gleichgewicht zu kommen vermag.
Die »Kreuzmeditation« ist für den westlichen Menschen eine klare Alternative zu den aus dem Osten kommenden Meditationsformen.

Alfons Rosenberg, geboren 1902, Schriftsteller und Symbolforscher in Zürich

Alfons Rosenberg

Kreuzmeditation

Die Meditation des ganzen Menschen

Kösel-Verlag München

ISBN 3-466-25662-3

Printed in Germany. Gesamtherstellung: Kösel GmbH & Co., Kempten.
Umschlaggestaltung: Christel Aumann, München.

Inhalt

Vorwort

Die in den folgenden Blättern erstmals unternommene Darstellung der von mir im Laufe von zwei Jahrzehnten entwickelten Kreuzmeditation ist keineswegs eine peinlich genaue Beschreibung von Theorie und Praxis derselben. Zwar ist alles Wesentliche ausgesagt, dic Prinzipien und die Übungen sind so dargelegt, daß sie sowohl Meditationslehrern wie einzelnen zur ideellen und praktischen Grundlage der Meditation dienen können[1]. Wem es wirklich ernst ist, auf dem Weg der Menschwerdung voranzukommen, der findet in diesem Buch, das man ein Handbuch der Kreuzmeditation nennen könnte, alles, was er für die Umwendung des Geistes und des Leibes bedarf. Doch absichtlich wurde nicht jedes Schrittchen nachgezeichnet, manches sollte offenbleiben, und zwar zugunsten der Meditierenden, auf daß sie imstande seien, an und in sich selbst Entdeckungen zu machen. Der Meditierende darf nämlich nicht abhängig werden von einer Methode oder einer Persönlichkeit. Gewiß, um seinen augenblicklichen, ihm ungenügenden Zustand zu überwinden, bedarf er der Anleitung. Doch sollte sie den Meditierenden nicht unfrei machen, nicht seine eignen Impulse und schöpferischen Einfälle auslöschen. Darum soll und kann die »Kreuzmeditation« nicht als eine ein für allemal abgeschlossene Methode vorgestellt werden. Sie ist vielmehr als eine Führung zu verstehen auf dem Weg, der nach gemeinsamem Wandern eines Tages von den zum Ziele Strebenden allein gegangen werden muß und kann.

Der Ausgang für diese christliche und zugleich universale Meditationsmethode war die jahrzehntelange Beschäftigung mit dem Kreuz und der Kreuzsymbolik. Freilich steht ein jeder auf den Schultern eines andern. Unzählige geistige Fäden verbinden die Suchenden und Erkennenden miteinander. Ich habe von anderen gelernt und sie wieder belehrt. Insbesondere habe ich in der bisher letzten Phase der Entwicklung der Kreuzmeditation für fruchtbare Anregungen zu danken: Gerda Alexander, der genialen Schöpferin der Eutonie, und Anneliese Domgörgen, welche mir die Prinzipien der Lösungstherapie von Alice Scharchuch nahebrachte.

Alfons Rosenberg

Einführung

Die Entdeckung der Kreuzmeditation

Das Studium der asiatischen Meditationsmethoden in jüngeren Jahren ließ in mir die Einsicht reifen, daß diese aus dem Mutterschoß des Hinduismus und des Buddhismus hervorgegangenen Psychotechniken dem von der abendländisch-christlichen Tradition geprägten Menschen des Westens nicht Genüge zu leisten vermögen. Zwar sind die westlichen Anhänger der östlichen Meditationsmethoden davon überzeugt, daß diese alle Menschen, nicht nur Asiaten, zur seelischen Befreiung oder, im Sinne des Buddhismus, zur Erlösung führen können. Aber die Erfahrung lehrt eher das Gegenteil dieser ideologisch unterbauten These. Zudem warnt ein so bedeutender Kenner der seelischen Struktur des abendländischen Menschen wie C. G. Jung nachdrücklich vor der Übernahme asiatischer Meditationsmethoden im Westen – trotz möglicher Anfangserfolge ist auf die Dauer eine tiefreichende Störung des seelischen Gefüges zu befürchten[2].

Diese auch durch eigene Erfahrungen erlangte Einsicht war der Grund, daß ich mich von der Praxis asiatischer Meditationsmethoden abwandte, ohne dadurch deren Wert für einen andern Kulturkreis als den europäischen in Frage zu stellen. Ich ging auf die Suche nach einer Weise der Meditation, die sowohl physisch wie geistig unserer Art des Menschseins entspräche. Hiefür erschien mir die Erfüllung zweier Bedingungen als unerläßlich: dieser Weg sollte sich in Übereinstimmung mit dem Kern der christlichen Tradition befinden: hervorgegangen aus der Gesinnung des Evangeliums und doch zugleich Hilfe nicht nur für Christen, sondern für die Menschen jeglicher Glaubensordnung. Mit andern Worten: die gesuchte abendländische Meditationsweise müßte zwar aus christlicher Wurzel gewachsen, doch zugleich universal sein. Aber so viele der insbesondere seit dem Ende des Ersten Weltkriegs reichlich sprießenden Methoden ich auch prüfte, keine genügte diesem Anspruch, auch wenn z. B. der Evangelischen Michaelsbruderschaft das Verdienst zukommt, die ersten Schritte auf dem Weg zur Wiedergewinnung christlicher Meditation unternommen zu haben.

Nachdem ich vielerlei Wegen der »Innerung« (eine Wortschöpfung von Friso Melzer[3]) nachgegangen war – mein Bericht über die alten und neuen Möglichkeiten abendländischer Meditationsweisen ist enthalten in dem Sammelwerk »Türen nach innen«[4] –, mußte ich eines Tages entdecken, daß ich, ohne es zu wissen, schon längst über einen Schlüssel verfügte, welcher fähig war, die Türe zu einer sowohl christlichen wie universalen Meditationsmethode zu erschließen. Die Lösung des Problems ist so einfach wie umfassend: Es ist das Kreuz, diese Grundfigur des gesamten Daseins, das von universalem Charakter ist, weil es sowohl den göttlichen, kosmischen, wie den Bereich des Menschen repräsentiert. Das Kreuz – dies gehört zum Urwissen der Menschheit – ist sowohl das Signum der Grundordnung der Welt wie auch der leiblich-geistigen Struktur des Menschen. Gewiß ist das Kreuz das Zeichen des christlichen Glaubens. Jedoch stellt die christliche Deutung des Kreuzes nur *eine* Facette dieses uralten Heilszeichens dar. Denn so bedeutungsvoll und erhaben auch das christliche Verständnis des Kreuzzeichens ist, so ist doch die universale Bedeutung desselben noch umfassender. Universal muß dies älteste Heilszeichen der Menschheit genannt werden, weil es von den frühesten Zeiten der Menschheitsgeschichte an, in allen Epochen, überall und jederzeit als Kundgabe und Verheißung der Gottheit verehrt wurde.

Freilich handelt es sich hierbei nicht um ein Kreuzverständnis im traditionellen Sinn, sondern um das »Menschheitskreuz« oder, wie wir es auch erfahren haben, um das »Kreuz der Wirklichkeit«[5]. Heute, da die Völker, Kulturen und Religionen nahe zusammenrücken und immer mehr offenbar wird, daß alle diese aufeinander kreuzweise bezogen sind, ist es geboten, ein neues, nichttheologisches Kreuzverständnis zu gewinnen. Auf diese Notwendigkeit wies unter anderen der geniale christliche Soziologe Rosenstock-Huessy hin[6]: »Jedes weitere Vordringen des Kreuzes in einen anderen Bereich unsres Denkens oder unsres Körpers bezeichnet eine neue Epoche der Geschichte. Seit der Kreuzigung (Jesu) hat das Prinzip des Kreuzes für immer weitere Dinge Bedeutung erlangt, und es konnte mit dem Hervorbrechen neuer Ströme christlicher Sprache auf immer vielfältigere Weise ausgedrückt werden. Aber die alten Worte (auch die auf das Kreuz bezüglichen) sind verbraucht und leergepumpt worden. Angesichts dieser Notlage sollten wir versuchen, das Kreuz in nichtkirchliche, nichttheologische Sprache zu übersetzen.« Und dies habe ich, wenn auch nicht erst durch diese Einsicht Rosenstock-Huessys veranlaßt, im Laufe eines vieljährigen Umgangs mit dem Kreuze versucht. Ewig wahr bleibt die Aussage der Liturgie: »Im Kreuz ist Heil.« Doch darf das, was »Heil« ist, nicht nur in der Sprache des christlichen Mythos ausgedrückt werden.

Es ist darum notwendig, die bisher noch wenig beachteten Tiefenschichten des Kreuzes zu erschließen. Ein Wissender, der dies, ohne sich an Vorgänger anzulehnen, auf eigene Gefahr unternommen hat, ist der »Denker der Zukunft«, Teilhard de Chardin. In seinem Buch »Mein Glaube«[7] gelangt er zu einer neuen Sicht des Kreuzes, fortschreitend vom statischen zum dynamischen Kreuz. Im Kapitel »Erbsünde und Erlösung« bezeugt er seine neue Sicht mit den Worten: »Das Kreuz ist nicht nur Symbol der dunklen, regressiven Seite (des Lebens), sondern auch und vor allem der erobernden und lichten Seite des in Genese befindlichen Universums – als Symbol des Fortschrittes und des Sieges durch die Sünden, die Enttäuschungen und das Bemühen hindurch.« Gewiß ist »das Christentum von Geburt her und auf alle Zeiten dem Kreuz geweiht und vom Zeichen des Kreuzes beherrscht. Es kann nur es selber bleiben, indem es sich immer stärker mit dem Wesen des Kreuzes identifiziert. Was aber macht das Wesen des Kreuzes aus – was ist der wahre Sinn des Kreuzes? – In seiner traditionellen elementaren Gestalt ist das Kreuz in erster Linie ein Symbol der Wiedergutmachung und der Sühne.« Aber Teilhard de Chardin wendet sich entschieden gegen diese einseitige und negative Deutung des Kreuzes und dies schon darum, weil sie ein unangebrachtes Mißtrauen gegen den Menschen zur Folge habe. »Und noch symptomatischer, ein allgemeines (fast manichäisches) Mißtrauen gegen alles, was Materie ist, wobei diese praktisch universell weit weniger als eine Reserve des Geistes denn als Prinzip des Falles und der Verderblichkeit angesehen wird.« Doch ist damit nur ein einziger Aspekt des Kreuzes angetönt – jedoch das Verständnis, was dieses in seiner ganzen Umfänglichkeit bedeutet, steht erst am Anfang. »Denn um über eine Erde zu herrschen, die plötzlich zum Bewußtsein einer sie nach vorn mitreißenden biologischen Bewegung erwacht ist, muß das Kreuz, um jeden Preis und schnellstens, sich als Zeichen nicht nur der Flucht, sondern des Fortschreitens bekunden. Es muß vor unsern Augen nicht mehr nur als reinigendes Kreuz, sondern als bewegendes Kreuz aufleuchten. Ist aber solche Transformation ohne Deformation möglich?«

Teilhard ist davon überzeugt, daß dies nicht nur möglich, sondern dringend notwendig ist und daß nur auf diese Weise die christliche Botschaft dem heutigen Menschen verkündet werden kann. Denn gerade wegen »der tiefen im Gang befindlichen Umgestaltung steht in unserer phänomenalen Sicht der Welt das Kreuz noch immer aufrecht. Und es richtet sich sogar in der Menschheit auf. An ihm kann und muß sich weiterhin mehr denn je die Scheidung vollziehen, zwischen dem, was aufsteigt, und dem, was absteigt. Jedoch nur unter einer Bedingung: daß nämlich, indem es sich zu den Dimensionen eines neuen Zeitalters ausweitet, es sich uns nicht mehr vor allem (oder sogar ausschließlich) als das Zeichen des Sieges über die Sünde darstellt, sondern endlich seine Fülle erreicht, indem es das dynamische und vollständige Symbol eines Universums im Zustand personalisierender Evolution wird.«

Diese Gedanken, welche eine Wende des traditionellen Verständnisses von Kreuz und Heil ankünden, schrieb Teilhard de Chardin im Jahre 1952 nieder. Sie gehören in den Kern seiner Schau des künftig Christlichen. Als ich im Jahre 1957 erstmals die Prinzipien der von mir entwickelten Kreuzmeditation im Rahmen der Jahrestagung der Gemeinschaft »Arzt und Seelsorger« in Stuttgart vortrug, waren aber diese Thesen Teilhard de Chardins noch nicht bekannt. Sie wurden in deutscher Übersetzung erst 1972 veröffentlicht. Mein damaliger, die weitere Arbeit grundlegender Vortrag »Die Kreuzmeditation« ist mit andern Beiträgen in »Meditation in Religion und Psychotherapie«[8] enthalten. Seit dieser ersten knappen Darlegung im Jahre 1957 habe ich die Kreuzmeditation Jahr um Jahr derart entfaltet, daß sich klare und praktikable Grundzüge ergeben haben, die es vermögen, den sie übenden Menschen aus seiner Zerfahrenheit zurückzuholen, ihn aus seiner fehlerhaften innern und äußern Haltung zu befreien, durch die Bewußtwerdung seiner ihm weithin unbekannten Leiblichkeit ein neues, gemäßes Selbstbewußtsein zu erwecken und seine seelischen Tiefenkräfte zu befreien. Allerdings wird es keine endgültige Fassung der Kreuzmeditation geben können, denn der Mensch ist ein werdendes, noch nicht an sein Ziel gelangtes Wesen. Darum wird jede Art der Seelenführung mit dem Wachstum des Menschen, das will sagen: mit seinen Veränderungen, die nur von seinem Ziel, auf das er von Anfang an hinsteuert, zu begreifen sind, mitwachsen müssen. Dem »sich ausdehnenden Menschen« werden nur sich ausdehnende Methoden dienen können.

Jedenfalls ist das angedeutete neue Verständnis des Kreuzes keinesfalls konfessionell eingegrenzt. Als in das Zeichen gefaßtes Grundgesetz der Wirklichkeit, als Bild einer durch den göttlichen Urpunkt der Mitte zentrierten Vieleinheit bildet es ein Richtmaß für das Tun und Lassen des Menschen. Als Zeichen des Heilen und Vollendeten macht es den jeweiligen Mangel, die Art der Ergänzungsbedürftigkeit offenbar. Es wird dadurch zum Maßstab für den jeweiligen Stand des Menschen, für seine leibliche und seelische Zuständlichkeit. Das Kreuz ist dem Menschen vorgegeben, am Kreuzmaßstab wird offenbar, was ihm zu eigen ist und was ihm mangelt, wie nah oder fern seinem Lebensziele er sich befindet.
Dieses Kreuz dient nun der »neuen Kreuzmeditation« als Instrument und als Weg zur Heilwerdung. Allerdings darf das Kreuz in der Meditation nicht nur als Zeichen des Menschensohnes und seiner Passion, sondern muß vielmehr auch als Zeichen des Menschen wirksam werden. Meditation – was bedeutet »Einübung« eines seelischen oder geistigen Gehaltes – hat es seit den frühesten Zeiten in allen Kulturen, wenn auch in den verschiedensten Weisen gegeben. Als Meditation wird die Umkreisung eines dem Menschen vorgegebenen und zugleich zu erstrebenden Zieles oder Zustandes durch innere Vorstellung, durch Gebärde oder Bewegung bezeichnet, sei es im Sitzen, Knien, Stehen oder Gehen, mit oder ohne Regulierung des Atems, mit oder ohne sinnliche Hilfen (Bilder, Plastiken, Gegenstände, Licht, Farben, Weihrauch, Formeln oder Worte). In den Yogamethoden des Hinduismus, der buddhistischen Versenkung, im ostkirchlichen Herzensgebet, in den Exercitia spiritualia des Ignatius von Loyola sind im Laufe der Zeiten wohldurchdachte und erprobte Meditationsmethoden entwickelt worden. Keine ist für alle Menschen und für jede Menschenart eine Hilfe; eine jede entspricht genau dem Geist und den Bedürfnissen einer

bestimmten Rasse, eines bestimmten Zeitalters, einer bestimmten Seelenhaltung und eines entsprechenden Bewußtseinszustandes. Diese an ihrem Ort und zu ihrer Zeit bewährten Methoden sind darum nicht einfach und willkürlich auf andere Orte, Kulturen oder Rassen zu übertragen; das würde nur zu Scheinergebnissen oder gar zu Erkrankungen führen.

Zu den bisher bekannten und angewandten Methoden der Meditation tritt nun als Neuschöpfung die allgemeine Kreuzmeditation als »Meditation des Kreuzes der Wirklichkeit«[9], als Weg zur Heilung und zur Ganzwerdung des Menschen, sei es durch innere Vorstellung, sei es durch die geübte Gebärde. Diese Kreuzmeditation, die ebenso für Christen wie für Nichtchristen wirksam ist, ist freilich kein Widerspruch zur Tradition, sondern vielmehr deren Erneuerung für die Gegenwart und ihre Fortführung in die Zukunft. Denn nur was sich wandeln läßt und gewandelt wird, strahlt Lebendigkeit und Heiligkeit aus.

Diese allgemeine Kreuzmeditation geht vom Grundbestand aus, daß das Kreuz dem Menschen vom Schöpfer eingebildet ist. Denn der Mensch ist kreuzförmig gestaltet – sein Fleischesleib ist am Kreuz seines Skelettes aufgehängt. Das Kreuz ist darum sein leibliches und – da sich der Geist im Leibe abbildet – auch sein geistiges Richtmaß. Erst dadurch, daß der Mensch vom Kreuz als der ihm vorgegebenen Ordnung und Ganzheit abfiel – sein sich wiederholender Sündenfall –, wird er immer wieder krank, schief, verzerrt, depressiv, neurotisch, uneins mit sich selber, mißtrauisch, gehässig gegen den Nächsten. Durch den Abfall vom Kreuz, was bedeutet: von der psychischen, sozialen und kosmischen Grundordnung, wuchern Gut und Böse unkontrollierbar und ungerichtet im Menschen. Das Kreuz der Ganzheit und Gerichtetheit ist im natürlichen Menschen zerbrochen; es fehlt entweder dieser oder jener Teil der Kreuzvierheit, oder es haben Teile Überlänge, oder sie sind verkümmert, was auf eine Über- oder Unterentwicklung bestimmter Seelenteile und auf seelisch

bedingte leibliche Mängel schließen läßt. Das Kreuz ist die Norm des Lebens und des Menschen; es repräsentiert die regelhafte Fülle, die rechte Haltung und zeigt, wenn der Mensch sich ihm vergleicht, jede Abweichung, jede wie immer geartete Verfehlung an.
Die Meditation des »Kreuzes der Wirklichkeit« zielt ihrer Absicht und Wirkung nach auf die Wiederherstellung der rechten Haltung, geistig wie leiblich, innerlich wie äußerlich – aus der Beachtung des Lebensgesetzes, daß das Innere und das Äußere stets in Wechselwirkung stehen. Jeder vermag es an sich und seiner Umgebung zu beobachten, wie genau eine falsche innere Haltung am Leibe sichtbar wird. Die rechte Haltung aber ist dem Menschen vorgegeben in der Art seines Skelettes, das kreuzförmig gebildet ist: Die aufrechte Wirbelsäule wird überkreuzt durch den Schultergürtel und die Arme. Zuvor aber gründet es im Becken als in seiner Erde – mit ihm zusammen bildet es das untere Kreuz, im Gegensatz zum oberen des Schultergürtels und der sieben Halswirbel, die vom Gewölbe des Schädels gekrönt werden. Verbunden aber sind die beiden »Kreuze« durch den »schwingenden Bogen« des Rückgrates. Dadurch ist das Kreuz des Menschen, das seine gesamte Existenz versinnbildet, in nicht umkehrbaren Polen zwischen Himmel und Erde, oben und unten ausgespannt. Vielleicht konnte nur ein Dichter, als Sager des Wirklichen, diesen Tatbestand in wenigen Worten geistig so sehr transparent machen wie Werner Bergengruen in seinem Gedicht »Membra vestra templum sunt Dei vivi«:

»Du Mensch nach Gott gebildet bist.
Dein Leib ist Gleichnis: Kreuz und Christ.
Gerammt im Grund der Hauptstamm steht,
Seitan der Schulter Querholz geht.
Erkenn' das Kreuz, du hängst daran,
Schmerzenskind und Schmerzensmann.

Halswirbel führ'n den Sprossenlauf
Der Jakobsleiter himmelauf.
Verhüllt von dunklen Rippen brennt
Herz: Ewiges Licht und Sakrament.
Verborgner Felsborn pocht und schwillt.
Neig dich vor jedem Menschenbild.«

Bergengruen läßt es uns in seinen seherischen Worten ahnen: Durch das Kreuz seines Knochengerüstes, um das der Mensch gebildet ist, stellt er – als Abbild des Urphänomens – eben das Bild Gottes dar. Kreuzgestaltig ist der Mensch Schattenriß und Gleichnis Gottes. »Erkenn' das Kreuz, du hängst daran.« Der Mensch ist zeit seines Lebens am Kreuz seiner Knochen, aber auch seines Ichs »aufgehängt«; dies bildet seinen Grundbestand, mag er dessen inne geworden sein oder nicht. Es ist aber für den Menschen von größter Bedeutung, daß er das Kreuz erkennt, an dem er hängt, daß er sein innerstes Wesen, seinen Stand, in den er gestellt ist, erkennt. Denn von diesem Angebundensein an das Kreuz kann er sich nicht lösen. Seine Kreuzgestalt (die er völlig erst durch seine ausgestreckten Arme »herstellt«) ist vielmehr die Vorbedingung seiner menschlichen Würde, seiner Fähigkeit, sich über die jeweilige Situation, über den umgrenzenden Horizont – in dem das zu Boden blickende Tier gefangen ist – zu erheben und freien Blickes die Welt und sich selber zu überschauen.

Am Kreuze hängend und es erkennend, ist der Mensch von Anfang an und von Grund auf ein Gerichteter, d. h. ein sowohl auf das Du wie auf ein vorgegebenes Lebensziel hin Gerichteter. Aber erst in der Kreuzeshaltung ist er der ganzen Welt konfrontiert wie Christus am Kreuze, der an ihm das »Universum in sich zusammenfaßte» (Irenäus). Christus im Kosmischen, jeder einzelne Mensch aber in seinem ausgebreiteten Selbststand ist eine Zusammenfassung, eine Vereinigung des Universums durch die Kreuzgestalt. Erst wenn darum der Mensch inne wird, daß er am

Kreuz hängt – dessen Realisierung für ihn Fülle und Leben, dessen Ablehnung aber die Selbstzerstörung und -zerspaltung bedeutet –, wird er des in seinem Wesen gleichsam schlafenden Urbildes, auf das hin er geschaffen ist und das als sein Lebenssinn wirkt, gewahr werden. Auf diese Weise kommt der Mensch, der – im Gegensatz zu dem an seine Instinkte fixierten Tier – immer in Gefahr ist, sein Wesen an die Welt und so an sich selbst zu verlieren, zu sich.

Die Kreuzmeditation als Weg leiblicher und innerlicher Bewußtwerdung und Vergegenwärtigung des dem Menschen eingeborenen Kreuzes, aber auch des Weltenkreuzes und des Christuskreuzes, ist jedoch kein Gebet, wenn auch die kreuzförmige Haltung der frühkirchlichen sogenannten Orante eine Gebetsgebärde darstellte. Sie ist vielmehr eine tiefwirkende Methode zur Erweckung und Einübung des ganzen Menschen; wozu man allerdings beifügen könnte: des Menschen als Leib Gottes. Diese gewandelte Bedeutung und Wirkung der Kreuzmeditation ist mitbedingt durch die neue Frömmigkeit, die sich heute auf den verschiedensten Ebenen ankündigt und die auf den größeren Gott, auf den kosmischen, die ganze Schöpfung durchwirkenden Christus (nicht bloß auf den »Seelenbräutigam«) und auf das Ganzbild des Menschen hinzielt.

Diese neue Frömmigkeit, die im Begriff ist, sich unter uns Heutigen auszubreiten, ist eine Weltfrömmigkeit, eine Sinnen- und Leibfrömmigkeit, die im Kleinsten das Größte zu schauen vermag und die es nicht mehr nötig hat, vor der äußeren Welt die Augen zu schließen, um in mystischen Akten in der innern zu verweilen. In der Gesinnung dieser neuen Frömmigkeit wird die Welt, jedes Ding und jede Erscheinung in ihr transparent auf den geistigen Hintergrund. Nicht nur dieses oder jenes wird als Symbol verstanden, sondern umfassender noch als in der Antike und im Mittelalter – weil erst heute der Geist die Kraft völligen Durchdringens entfaltet – wird hier das gesamte Leben

zum Symbol. Der Mensch soll durch die Übung dieser »neuen Frömmigkeit« weder bloß zu einem Diesseits- noch zu einem Jenseitsmenschen werden, sondern er soll überhaupt erst Mensch werden und nicht als Mensch-Entwurf verharren. Darum dient die Übung der »neuen Frömmigkeit« der Ausbildung und dem Hervortreten des »Mensch-Menschen« nach einem Wort des Origenes oder des »menschlichen Menschen«, dessen Konturen sich bereits schattenhaft an der bisherigen Menschenart abzeichnen.
Jedenfalls gründet die »neue Kreuzmeditation« in der Kreuzgestalt des Menschen. Sie entspricht nicht nur dem »dem Kosmos aufgeprägten Grundschema, dem Weltbaugesetz« (was bedeutet: der Welt liegt das Kreuzschema zugrunde), sondern ist zugleich das »Menschengesetz«. Von seiner Struktur abzufallen, die dem Menschen in der Horizontalen das Hinauslangen in die Welt, die Weltergreifung, und in der Vertikalen das Wachsen über sich hinaus in die Dimension des Göttlichen und des Lichtes ermöglicht, hat darum einen Verlust an Menschlichkeit, an Fülle und Ganzheit zur Folge. Wenn der Mensch es unternimmt, »sein Kreuz zu verleugnen«, mindert er die Ausgestaltung seines Wesens, die Ordnung seines Gefüges, die ihm erst Fruchtbarkeit seines Hierseins ermöglicht.
Dies »geistig-sinnliche Kreuz«, Inbild universaler Einheit, hat einst seine höchste Verklärung dadurch empfangen, daß es zum Zeichen des Gottessohnes geworden ist. Das Kreuz ist zwar der Mensch; in seiner höheren Oktave aber vertritt es den Menschensohn im Kreuzzeichen des an der Welt teilnehmenden Gottes. Das Kreuz meditieren heißt darum nicht nur, der völligen Erstreckung des eigenen Menschseins innezuwerden, sondern auch zur unmittelbaren, unreflektierten Erfahrung des »Göttlichen in uns« vorzudringen. Denn seit der Menschwerdung Gottes kann der Mensch ohne Gott, dessen Verleiblichung er ist, seinen Weg nicht in die Zukunft verlängern.
Die umfassende Wirkung der Kreuzmeditation beruht nun darauf, daß sie sowohl vom Geistigen wie vom See-

lischen oder Leiblichen her begonnen werden kann: als Meditation des Zusammenhanges des Göttlichen mit dem Menschlichen, als Ausfaltung des Seelischen oder als Wiederherstellung der rechten leiblichen Haltung. Da aber – nicht im Denken, aber in der Wirklichkeit – diese drei Ebenen ineinanderspielen, wird sich die Kreuzmeditation von einer Seinsebene auf die andere auswirken. Der Übende kann darum von jeder der drei Ebenen her beginnen, je nach seinen Möglichkeiten, und so von einer Stufe zur anderen aufsteigen. Denn die Bewußtwerdung und Ausgleichung disharmonischer oder verkrampfter Leibeshaltungen, die sich als Verschiebung des Kreuzes darstellen, wird notwendigerweise auch zur Lösung und Harmonisierung des Seelischen führen – schon darum, weil vielfach falsche leibliche Haltung Ausdruck ungelöster seelischer Problematik ist. Ebenso ist oft genug die Gottesbeziehung, die Gottesliebe, durch seelische Verstümmelung (Verstümmelung des Kreuzes – siehe Tabelle der Kreuz-Fehlhaltungen S. 129ff) gestört. Wenn aber das Kreuz leiblich und seelisch wiederhergestellt ist, so ergibt sich meist als schlichteste Folge ein ungetrübter Ausblick auf den lebendigen Gott.

Es geht jedoch nicht darum, das Kreuz als ein Gegenüber des Menschen zu imaginieren, sondern durch die Meditation selber zum Kreuze zu werden. Die Annahme, die Einverleibung des Kreuzes durch die Imagination sollte zum »Existieren in der Existenz« (Kierkegaard), zu einer existenziellen Kreuzhaltung führen. Der Weg dazu, im einfachsten wie im höchsten Sinn, ist uns bereits durch die Frohe Botschaft gewiesen in den Worten Jesu: »Wer mir nachfolgen will, muß sich selber (d. h. die Willkür des Wunschlebens) verleugnen; täglich nehme er sein Kreuz auf sich und folge mir nach«, oder: »Wer nicht sein Kreuz auf sich nimmt und mir nachfolgt, kann nicht mein Jünger sein« (Mt 16,24; Mk 8,34; Lk 9,23). Jesus fordert hier den Menschen nicht dazu auf, sein, Jesu, Kreuz auf sich zu nehmen – wer könnte schon das Kreuz Gottes tragen? – sondern jeden einzelnen, sich zu seinem unauswechselbaren eigenen Kreuz zu bekennen. Mit diesem war jedoch nicht nur das Leiden oder das Martyrium gemeint – so wurde dies sein Wort im Mittelalter verstanden bzw. mißverstanden –, sondern das Ganze des jeweils gegebenen und aufgetragenen Menschseins, was besagt: nicht nur die Annahme des Mangels der gebrochenen Menschennatur, sondern auch deren Reichtum.

Man muß wohl diese zentrale Weisung für den Weg und die Haltung des Menschen in Verbindung bringen mit dem »Wuchern mit dem Pfunde« (Mt 25, 15–18), womit unter anderm die Darstellung der Fülle des Mitgegebenen und deren Weitergabe an die Mitmenschen verstanden ist. In der Kreuzmeditation wie in der Annahme des Kreuzes und im Wuchern mit dem Pfunde erwirbt der Mensch sich selbst und erweitert sich damit zum Nächsten hin. Es handelt sich hierbei aber nicht um ein Zu-Kreuze-Kriechen, sondern um ein Sich-am-Kreuze-Aufrichten, um ein Sich-(sein Wesen und seinen Leib)-am-Kreuze-in-die-Welt-hinein-Ausspannen. Damit aber zeigt sich, daß sowohl die evangelische Weisung vom Kreuztragen des Menschen wie auch die »neue Kreuzmeditation« in entschiedenem Gegensatz stehen zur mittelalterlichen Kreuz- und Leidensmystik, durch die das Ich des Menschen gebrochen, nicht aber in seiner Fülle aufgerichtet und ausgefaltet werden sollte. Da aber das Kreuz in seiner vielfachen Bedeutung auch das Zeichen des Menschensohnes darstellt, so führt die Kreuzmeditation, auch wenn auf der leiblichen Stufe begonnen, zur Vergegenwärtigung Gottes im Menschen.

Der Mensch ist zum Aufrechtsein berufen, sowohl seiner Stiftungsidee wie seiner Anlage nach. Auch wenn das Menschenkind im Mutterleibe zusammengerollt heranwächst und sich erst am Ende des ersten Lebensjahres aufzurichten vermag, so ist doch von allem Anfang an in der Kreuzgegend jener Knick in der Wirbelsäule vorhanden, der dem Menschen das Sich-Aufrichten ermöglicht, sobald die Muskeln entsprechend ausgebildet sind. Wohl ist dadurch dem

Menschen jene aufrechte Haltung mitgegeben, die ihm den geistigen und leiblichen Überblick über die jeweilige Situation ermöglicht. Aber das durch seine Kreuzförmigkeit bewirkte Aufgerichtetsein des Menschen macht ihn zu einem einsamen und des Gegenübers bedürftigen Wesen, das, um seinen Stand zu sichern – der ein labiler ist und bleibt –, zu ständigen Entscheidungen genötigt ist, um der Gefahr des Falles zu entgehen. Ständig muß darum der Mensch – sei es durch Erziehung, Meditation und Übung, durch Gesetze und Bilder, durch Ordnungen und Zielsetzungen – Vorkehrungen treffen gegen sein mögliches Fallen, um immer erneut die rechte Haltung zu bewahren oder wiederzugewinnen.

Gestaltsymbolik

Wie bereits angeklungen, beruht die Wirkung der Kreuzmeditation auf der Kommunikation aller Seinsebenen im Menschen. Aus der Beobachtung, daß Seele und Leib »in funktionaler Abhängigkeit vom Gleichzeitigkeitscharakter« (Schultz-Henke) wechselseitig aufeinander wirken, wurde die psychosomatische Therapie entwickelt. Da aber nicht minder eine Wechselwirkung von Leib und Geist und von Seele und Geist festzustellen ist, müßte es eigentlich auch zur Bildung einer somapneumatischen und psychopneumatischen Therapie kommen. Jedenfalls äußert sich in der leiblichen Erscheinung der ganze Mensch und nicht nur sein sinnlicher Aspekt: Der Leib ist die Expression des ganzen Menschen; seine »Äußerlichkeit« ist die Erscheinung seiner »Innerlichkeit«. Je höher ein Lebewesen organisiert und differenziert ist, desto umfassender ist sein Vermögen, seine Innerlichkeit leibhaft darzustellen. Da aber der Mensch das innerlichste und differenzierteste aller bekannten Lebewesen ist, weisen alle seine Formen, Organe und Funktionen nicht nur Ding-, sondern

auch Symbolcharakter auf. Alles Leibliche verweist beim Menschen auf sein Inneres oder über ihn hinaus. Dies ist auch die Ursache, warum die leibliche Gebärde unmittelbar und umgestaltend auf das »Innere« des Menschen wirkt. Der Grund hiervon ist nicht die Auswirkung des Kausalitätsprinzips im Bezug des Innern und des Äußern, sondern das Lebensgesetz der Analogie, in dem alle Ebenen der Schöpfung zugleich verbunden und frei sind. Die Ebenen des Seins überlagern sich in Schichten; jede Lebensbewegung, jeder Impuls – woher sie auch kommen mögen – durchdringen darum alle Schichten und lassen in ihnen allen, stärker oder schwächer, ihre Spuren zurück.
Das Verständnis der Lebenserscheinungen nach dem Analogieprinzip macht noch eine weitere Funktion der Wechselwirkung von Äußerlichkeit und Innerlichkeit deutlich: Das Seelisch-Geistige und das Leibliche wirken nicht nur unablässig aufeinander, sondern können sich auch gegenseitig vertreten. »Es handelt sich bei dieser ›Vertretensfunktion‹ der Seinsebenen nicht um eine wechselweise kausale Abhängigkeit von Leib und Seele. Sie gründet vielmehr in einem gemeinsamen Bezug beider, im ganzen Menschen, in dem in all seinen Teilen zur Einheit bewegenden, ausgestaltenden Grundprinzip des Menschen. Denn ›Leib‹ und ›Seele‹ sind nur Entäußerungen des einen und selben. Die (vorgegebene und wirkende) Einheit kann gar nicht auf einer Stufe der Entäußerung stehen, sondern muß Leib und Seele überwölben und beides enthalten. Diese Einheit ist der ›Mensch‹, oder, auf das Einzelindividuum bezogen: ›das Selbst‹« (H. Stolze).
Erst aus einem solchen Verständnis des Lebendigen und seiner Ausgestaltungen ergibt sich als Gestaltsymbolik ein tiefer schauendes Verständnis der Formen, der Analogie des Sinnlichen und Geistigen, die gegenseitige Vertretungsfunktion beider durch ihren gleichzeitigen Bezug zum Urprinzip »Mensch«. Auf Grund solcher Einsichten hat unter den Modernen als erster C. G. Carus eine Symbolik der menschlichen Gestalt entworfen. Die heutige Gestalt-

psychologie und Ganzheitsphilosophie hat diese Schau des Lebendigen reich entfaltet und damit wesentlich dazu beigetragen, das seit dem 19. Jahrhundert wie ein Seuchenzug die Geister verheerende, nur funktionalistische Verständnis des Menschen durch Materialismus und Kommunismus einzudämmen. Ohne dies neue Menschenbild gibt es keinen wirklichen Widerstand gegen die politischen und geistigen Ideologien, die heute den Menschen sich selbst entfremden. Mit Hilfe der Gestaltsymbolik läßt sich der Sinnentleerung des heutigen Lebens entgegenwirken, die zu der furchtbaren geistigen Erkrankung des Nihilismus geführt hat; denn die Gestaltsymbolik fragt wieder nach den Sinnzusammenhängen der verschiedenen Seinsebenen und Erscheinungsweisen, und das will letztlich sagen: nach dem Sinn der menschlichen Existenz.
Hier muß der Erkenntnissuchende zuerst einmal seinen Vorurteile setzenden Willen fallenlassen und sich zur »reinen Anschauung« entschließen. Der Weg hiezu führt über das lebendige Anschauen der menschlichen Gestalt und Haltung. Jedoch handelt es sich hierbei nicht um eine Vergeistigung des Angeschauten, sondern um die Wahrnehmung des Planes (und der Abweichung davon), der in der Erscheinung zutage tritt, wobei das einzelne immer wieder auf das Ganze bezogen werden muß. Denn nichts wirkt für sich allein; jedes Glied, jedes Organ, jedes Verbindungsstück wirkt aus sich selber und reagiert, nimmt und gibt und hat nur Bedeutung als Glied des Ganzen.

Erster Teil

Die Symbolik des Kreuzes

Bevor es möglich und sinnvoll ist, uns der Praxis der Kreuzmeditation zuzuwenden, erweist es sich als notwendig, die reiche Symbolik des Kreuzes zu umreißen. Sie ist das Erbgut der Menschheit und nicht nur eines Volkes oder einer Religion. In der Kreuzsymbolik hat die Menschheit ihre Erfahrungen vom Lebensganzen und vom Bezug der Teile auf dasselbe bewahrt und konkretisiert. Aber in diesem Jahrhundert wurde dieses alle Lebenssphären (und nicht nur das Religiöse) betreffende und deutende Erbgut weithin vergessen oder verleugnet. Dadurch, daß viele Gläubige Unbehagen in bezug auf die theologischen Doktrinen empfinden und sich darum in kritischem Abstand zum theologischen Turmbau von Babel halten, ist auch die allgemein-menschliche Überlieferung vom Kreuz aus dem Bewußtsein der meisten Zeitgenossen geschwunden. Ob nun dadurch die heutigen Menschen weithin das Richtmaß für die immanente Ordnung des göttlichen und des menschlichen Seins verloren haben oder ob der Verlust des Kreuzwissens als Ausdruck des Zerfalls der geistigen, der politischen und sozialen Ordnung zu verstehen ist – wie es auch sei, der Verlust hat sich verhängnisvoll ausgewirkt und zur Zerstörung der Grundlagen der gegenwärtigen Kultur geführt. Wenn wir darum das universale Kreuz, wie es sich im menschlichen Körper abbildet, als Grundlage für die Kreuzmeditation und für ihren Weg zur Ganzwerdung des Menschen nutzen wollen, so erweist es sich als unumgänglich, zuerst einmal die universale Kreuzsymbolik, wie sie überliefert ist und wie sie in unserer Gegenwart auf Grund ergänzender Erfahrungen erneuert worden ist, in aller Knappheit darzustellen.

Einige von vielen Kreuzzeichen

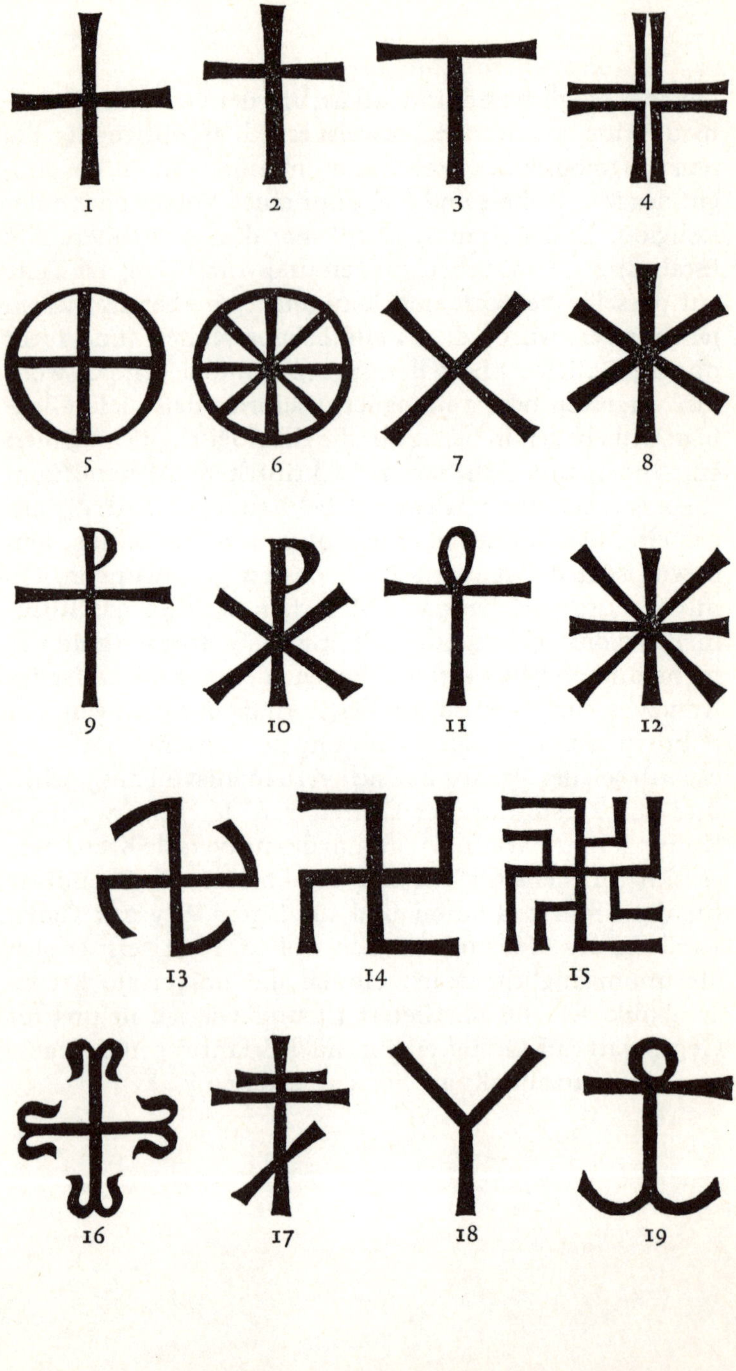

1 gleichseitiges Urkreuz, Crux immissa quadrata

2 lateinisches Kreuz, Crux ordinaria, mit verlängertem vertikalen Balken

3 Tau-Kreuz, Crux commissa

4 das aus vier freien Winkeln gebildete Gamma-Kreuz

5 Sonnenrad, in einfacher Form

6 Sonnenrad, zugleich Monogramm Christi aus I-Jesus, X-Christus

7 Andreas-Kreuz, Crux decussata, Grenzkreuz der Römer

8 Monogramm Christi

9 ägyptisches Henkelkreuz, Hieroglyphe für Leben

10 Christusmonogramm, aufgehende Sonne über dem Horizont

11 Sonnenzeichen und Christusmonogramm

12 Christusmonogramm, zugleich Doppelkreuz

13 rechtsläufiges Hakenkreuz mit runden Haken

14 rechtsläufiges Hakenkreuz mit eckigen Haken

15 erweitertes Hakenkreuz

16 Lilien- oder Ankerkreuz

17 Kreuz der orthodoxen Kirche mit dem schrägen Fußbalken

18 Gabelkreuz

19 Ankerkreuz, das Tau-Kreuz enthaltend

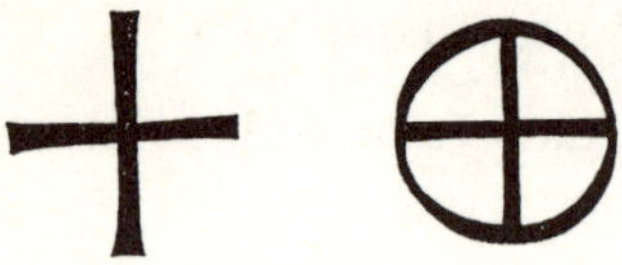

Die Urbedeutung des Kreuzes

Das Kreuz ist das älteste Heilszeichen der Menschheit, Symbol sowohl der Gottheit wie des Alls. Es symbolisiert zudem die Anzahl der Weltgegenden, die Windrichtungen, die Jahreszeiten, die Grundelemente, die Paradiesesströme, die Cherube als Thronträger der Gottheit, die Evangelisten. Seitdem wir von bildnerischen Versuchen von Menschen wissen, d.h. seit etwa der Steinzeit, findet sich überall, wo Menschen siedelten, zuerst in den prähistorischen Höhlen, das Zeichen des Kreuzes in vielerlei Gestalt: als Kreuz im Kreise, das Sonnenrad, vor allem auch als gleichschenkliges, seltener als langschenkliges Kreuz. Diese in großer Anzahl erhaltenen Zeichen bezeugen, wie bedeutungsvoll und unentbehrlich das Kreuzzeichen den frühen Menschen gewesen ist. Denn sie haben diese an den Wänden ihrer finsteren Kulthöhlen nicht nur nebeneinander gereiht, sondern vielfach übereinander gemalt – jede Generation hat anscheinend als Zeugnis ihres Glaubens und ihres Daseins immer erneut ganze Serien von »Kreuzen« hinterlassen. Offensichtlich war das Kreuz schon in der Steinzeit, wie später in den Hochreligionen von zentraler Bedeutung.
Es sind vor allem zwei Formen, in denen auf den Felsmalereien oder -ritzungen das Kreuz erscheint: als Kreuz im Kreis und als gleichschenkliges Kreuz. Das Radkreuz stellt offensichtlich das Sonnenrad dar – die Bewegung der lebenspendenden Sonne am Himmel im Laufe eines Jahres mit ihren vier Sonnwendpunkten. Von diesem Phänomen abgeleitet symbolisierte einst, und bis heute, das Kreuzrad:

Licht, Leben, Fruchtbarkeit, schöpferische Kraft, Gnade, Friede, Einheit. Hängt doch das gesamte physische und geistige Leben auf Erden von der erleuchtenden und erwärmenden Kraft der Sonne ab. Darum ist es begreiflich, daß die Menschheit zu allen Zeiten die Sonne und darum auch ihr Zeichen, das Sonnenrad, als das Lebensprinzip schlechthin empfanden: als Urvater und Urmutter, als die namenlose, im Sonnenkreuz allen sichtbare Gottheit. In der Sonne, dargestellt im Kreuzkreis, erfuhr der vorgeschichtliche wie der antike Mensch die Offenbarung der unsichtbaren Gottheit.

Bereits wenige Jahrzehnte nach dem Tode Jesu Christi wurde die frühe und antike Sonnensymbolik auf seine Gestalt übertragen[10]. Er wird seitdem geschaut und verstanden als »Licht ohne Abend«, als »Sonne der Gerechtigkeit«, als »Licht, das in die Finsternis scheint«. Da aber der Kreuzkreis Sinnbild nicht nur der physischen, sondern darüber hinaus der Gottessonne darstellt, darum wird folgerichtig auch Jesus, am Ende der Zeiten wiederkehrend, durch den Kreuzkreis (zuweilen auch durch das ungefaßte Kreuz) symbolisiert. Es wird dann verstanden als »Zeichen des Menschensohnes«, das »in den Wolken des Himmels erscheinen« wird (Mt 24,30). Im Gegensatz zur weitverbreiteten Anschauung, das christliche Kreuz sei vom Kreuz von Golgotha, von der Kreuzigung Jesu herzuleiten, ist jedoch, wie der bedeutende Theologe und Theologiehistoriker Eric Peterson nachgewiesen hat, der Kreuzkreis das eschatologische Zeichen des wiedererscheinenden Christus, den die frühen Christen »in Bälde« erwarteten. Das Kreuz ist darum – die Geschichte seiner Symbolik bezeugt dies – das Zeichen für die Gottheit, welche diese Welt hervorgebracht hat, sie erhält, geistig erleuchtet und erlöst.

Die zweite Hauptbedeutung des Kreuzes – allerdings ohne den hegenden Kreis – bezieht sich auf den Menschen: das Kreuz, das ist der in alle ihm zukommenden Dimensionen ausgespannte Mensch. Zahllos sind in den jungsteinzeitlichen Kulthöhlen die Kreuzzeichen Repräsentationen des

Menschen. Oft erscheinen sie in ganzen Scharen und in den verschiedensten Abwandlungen – entweder gänzlich abstrakt oder so, daß die Glieder des Menschen noch in etwa zu erkennen sind. Auch in einer so archaischen Schrift wie der chinesischen wird »Mensch« zeichenhaft durch eine kreuzartige Figur dargestellt, wobei der untere Teil des Kreuzschaftes gespalten ist, die Beine des Menschen andeutend. Allerdings wurde in frühgeschichtlicher Zeit, so z. B. bei den Zykladen-Idolen, der kreuzgestaltige Mensch mit geschlossenen Beinen dargestellt – Ausdruck dafür, daß er damals mental als stammesgebunden erfahren wurde. Auf diese Weise wird die noch vorindividuelle Grundbefindlichkeit des Menschen, seine Erstrekkung nach allen vier Weltrichtungen, seine Universalität als Lebewesen, besonders deutlich. Erst im Laufe des Prozesses der Individuation lösen sich die in Kreuzform gebundenen Glieder.

Die Elemente des Kreuzes

Die beiden urtümlichen Sinndeutungen des Kreuzes – das Lichtkreuz am Himmel und der Mensch als Kreuz – beruhen auf den Grundelementen des Kreuzes: der Horizontalen und der Vertikalen – und der »Kreuzung« beider. Nur dort, wo sich die beiden Grundrichtungen des Seins ineinanderfügen, kann lebendige, spannungsvolle Einheit und zugleich Fülle des Seins entstehen. Jedenfalls wird das gleichschenklige Urkreuz aus der Waagrechten und der Senkrechten gebildet. Durch sie werden die beiden Grundstrebungen anschaulich: in der Waagrechten das »Weibliche«, d. h. das Ruhende, Beharrende, Umfangende, in der Senkrechten das »Männliche», d. h. das Strebende, Aggressive und Zielgerichtete. Das radikal Gegensätzliche der beiden »Linien« macht sie miteinander unvereinbar – dennoch bedingen und ergänzen sie sich. Die Waagrechte er-

streckt sich beharrlich in die Breite, die Senkrechte aber strebt unentwegt in die Höhe. Beide »Richtlinien« unterscheiden sich darum nicht nur durch ihren Charakter, sondern auch durch die von ihnen bewirkte Raumsymbolik.
Nur in einem Punkt vereinigen sie sich: in ihrem Schnittpunkt, dem Ort ihres Sich-gegenseitig-Durchkreuzens. Dieser ist jedoch nicht mehr einer der möglichen Richtungen verpflichtet, weder der Breiten- noch der Höhendimension. In ihm kommen vielmehr alle Strebungen und Richtungen zur Ruhe, die Vielfalt gelangt zur Einfalt, die Farben (Rot die Waagrechte, Blau die Senkrechte) mischen sich im Kreuzungspunkt zur Königsfarbe Purpur.
Die Erfahrung lehrt jedoch, daß die beiden Grundlinien des Seins nicht dauernd in der bewegungslosen Mitte zu beharren vermögen. Leben ist Bewegung, und da diese Linien die grundlegenden Erscheinungsweisen des Lebens repräsentieren, so werden sie immer erneut in Bewegung gesetzt, sei es nach rechts oder links, nach oben oder unten oder jeweils umgekehrt.

Die Horizontale

Die Waagrechte wird sinngemäß auch die Horizontale genannt nach dem Vor- und Gleichbild des das menschliche Gesichtsfeld waagrecht begrenzenden Horizontes, der je nach dem Standort des Betrachters höher oder tiefer liegen kann. Über den Horizont vermag keiner hinüberzusehen. Durch die optische Begrenzung, die er bewirkt, entsteht erst ein Bild der Gegenwart, in der wir sowohl geborgen wie gefangen sind. Diesem uns kreisförmig umgebenden Horizont gleicht ihrem Wesen und ihrer Gerichtetheit nach auch die Horizontale. Auch sie reiht das Schaubare unendlich aneinander und schafft auf diese Weise eine Spielebene. Doch wie der Horizont, der die Elemente und Gestalten einer Landschaft in seiner Erstreckung aneinanderreiht und zusammenfaßt, bringt auch die Horizontale keine Neugestaltung hervor, denn sie verbindet und reiht aneinander einzig das Vorhandene. Dies besagt: In der Horizontalen wirkt sich die venushafte Bindekraft des Daseins aus: das Weiblich-Bindende und das Mütterlich-Hegende. Sie gibt dem Vorhandenen Bestand und ist das tragende Element des Kreuzes – der Grund, auf dem alles wächst. Diese Gesinnung entspricht etwa der Mutter, welche ihre verschiedenartigen Kinder »abgesehen vom Wert« hegt, schützt und nährt und auch das schwächste unter ihnen nicht verderben läßt.

Auch repräsentiert die Horizontale die Erde, die alle Gewächse, die sie ins Leben schickt, unterschiedslos nährt. Analogien zum Charakter der Horizontalen finden sich auf allen Ebenen der menschlichen Kultur. So entspricht die »weibliche« Geisteshaltung der Waagrechten im Bereich der politischen Formen der Demokratie mit ihrem Fürsorgedenken, ihrem Ideal der Gleichheit aller Menschen, Stände und Geschlechter und den auf solcher Gesinnung basierenden Ideologien des Pazifismus, Antimilitarismus und Sozialismus. Sowohl die durch die Horizontale repräsentierte antihierarchische Mentalität wie die gleichmacherische Massendemokratie sind gekennzeichnet durch die Negierung aller hierarchisch geordneten Werte. Jede der beiden Seinsrichtungen trachtet nach Verabsolutierung der ihr eigentümlichen Strebung. Würde sich darum die an sich notwendige und für den rechten Bau des Weltganzen unerläßliche Kraft des mütterlichen Umfassens und des gleichförmigen Reihens ohne Beschränkung durch eine Gegenkraft auswirken können, wäre schließlich Flachheit, Stumpfheit und Langeweile die Folge – auch würde dann jedes Streben nach »neuen Ufern« verunmöglicht. Aber andererseits führt die Voraussetzungslosigkeit, ein Charakteristikum der Waagrechten, zur Brüderlichkeit aller Menschen, wobei Herkunft, Stand, Begabung, Staats- und Religionszugehörigkeit unerheblich werden. Vertreter einer solchen Gesinnungsart sind z.B. die Quäker und die

Freimaurer und ist in unserem Jahrhundert der Kommunismus, welche alle, wenn auch auf verschiedenen Wegen, die Bildung einer »horizontalen« Welt-Bruderkette erstreben. Insofern diese Gruppen diesem Ideal verpflichtet sind, kann man sie als »horizontal« bezeichnen.
Die geistige Ausrichtung der Waagrechten ist ein notwendiger Bestandteil des physischen und geistigen Kosmos. Jedoch würde nicht eine Gegenkraft (oder Gegenkräfte) die allgemeine und absolute Auswirkung der Horizontalen einschränken, so würden ihre Kräfte uferlos auswuchernd zur Nivellierung der gesamten Seinsstruktur führen. Darum muß immer wieder der Ausgleich angestrebt werden zwischen Introversion und Extraversion, zwischen der gewiß notwendigen »Ehrfurcht vor dem Leben«, durch welche das Leben, wie es ist, und das Lebensrecht eines jeden, abgesehen vom Wert, bejaht wird, und der Steigerung des Lebens, was bedeutet Auslese, Wertsetzung, Eliminierung jener, die den Fortschritt hindern. Des weiteren ist der Ausgleich notwendig zwischen Behütung und freiem Spiel, zwischen sinnenhafter Weltverbundenheit und weltferner geistiger Überschau. Findet aber infolge der Verabsolutierung der einen oder der andern Haltung ein gegenseitiges Sichdurchkreuzen nicht statt, so werden Extremismus, Fanatismus, Schiefheit des Lebensgefüges überhandnehmen – entweder als starres Bewahrenwollen oder als ungehemmte, in mörderische Betriebsamkeit ausartende Aktivität.

Die Vertikale

Die Grundordnung der Schöpfung ist derart beschaffen, daß der beharrenden und gleichwertig reihenden Tendenz der Horizontalen die Kraft der Senkrechten oder Vertikalen entgegenwirkt. Wie die Horizontale die rechte mit der linken Seite der Seinsordnung verbindet und dadurch das

Universum, die Menschen- und die Seelenwelt gleichsam mit einem einigenden Band zu umspannen sucht, so die Vertikale die unteren und oberen, die sinnlichen und geistigen, die irdischen und himmlischen Pole der Schöpfung. Im Gegensatz zur breit hingelagerten Horizontalen, als flächenhafter Basis, verfügt die Vertikale nur über einen fast punktförmig schmalen Ausgangsort. Von diesem »Punkt« aus schießt sie gleichsam wie eine Rakete in die Höhe – sie kann aber ihr Aufrechtsein nur durch unablässiges Streben zum fernen Oben und durch ihre energische Dynamik durchhalten. Ist die Horizontale das Symbol für das Leibhafte des Lebens, so die Vertikale für den aufstrebenden Geist. Dieser kennt kein Verharren, die Erde ist für ihn nicht Heimat, sondern gleichsam nur Abschußrampe.
Und wie die Rakete, wenn sie erst einmal abgeschossen, unhemmbar ihren Weg durch den Kosmos verfolgt, so gibt es auch für den Kraftstrom der Vertikalen kein Aufgehaltenwerden, sondern nur die extreme Bewegung »hinauf«, das Vorwärts, oder, auf die menschliche Dynamik übertragen: den Fortschritt. Nietzsche war mit der Triebkraft der Vertikalen vertraut. Davon zeugt ein Wort wie dieses: »Nur wer sich wandelt, ist mit mir verwandt.« Denn das Wesen der vertikalen Ausrichtung bewirkt unaufhörliche Wandlung, die immer erneute Transmutierung des bereits Erreichten in immer höhere Geistes- und Lebensebenen oder des Vergangenen in das Künftige. Kommt in der Horizontalen das Mütterlich-Bewahrende zur Wirkung, so in der Vertikalen das Männlich-Schöpferische und Drängende. »Empor zu den Sternen«, über die Erde hinaus. Der Horizontalen entspricht das Prinzip der Koordination, der Vertikalen dasjenige der Subordination; die Horizontale anerkennt jede vorhandene Gestalt, die Vertikale jedoch ist geprägt durch hohes Wertempfinden, ihr Gestaltungsprinzip ist die Hierarchie. Darum sind im Bereich der Vertikalen die Werte stufenförmig übereinander geordnet. Dadurch wird alles ausgeschieden, was den

Fortschritt, die Entwicklung, was das Streben zu immer größerer Höhe und zur Freiheit hindert.
Durch die vertikale Seinsrichtung wird die Welt, die durch ständige Beharrung altern und verfallen würde, immer wieder erneuert und mit neuen Vorzeichen versehen. Man kann darum die Vertikale in Analogie sehen zur Leiter im Traumgesicht Jakobs, die, auf der Erde aufruhend, bis an den Himmel reichte und auf welcher die Engel, die schöpferischen Weltkräfte, auf- und niederstiegen. Könnte sich jedoch diese unermüdlich strebende Schöpferkraft der Vertikalen, die sich selbst zu überbieten sucht, ungehemmt auswirken, wäre ein ständiger Wirbel der Erregung und Beschleunigung des Rhythmus die Folge, wodurch alles organische Wachsen gestört würde. Denn das himmelanstrebend Schöpferische wirkt sich, wenn es den Wachstums-Rhythmus irritiert, nicht nur belebend und gestaltend, sondern auch zerstörerisch aus. Das Schöpferische schwankt in einer Pendelbewegung zwischen Erleuchtung und Wahnsinn.
Damit sich aber das der Vertikalen entsprechende Schöpferische infolge seines in die Zukunft weisenden Elans zum Wohle des Ganzen auswirke, ist es notwendig, daß die Dynamik der Senkrechten durch die Gegenwirkung der Horizontalen gebremst und eingeschränkt werde. Dies geschieht, indem die Senkrechte von der Waagrechten durchkreuzt wird. Erst durch dies Zusammenwirken beider Linien und deren Intentionen werden die schöpferischen Entwürfe des Geistes irdisch gestalthaft. Als Folge solcher gegenseitigen Durchkreuzung wird nicht nur das horizontale Beharrungsvermögen durch Bewegungselemente aufgelockert, sondern auch die maßlose vertikale Strebetendenz gemildert. Aus diesem Prozeß der gegenseitigen Durchkreuzung ergeben sich komplexe Seinszustände: »inkarnierter Geist« oder »geistdurchwirkte Sinnenwelt«, zwei Weisen der Realisierung der Ganzheit und des innigen Zusammenwirkens der beiden Urgegensätze, jeweils bezogen auf die Bildung des Ganzen, wenn auch jeweils

von einem der Pole aus angestrebt. Auf diese Weise wird die steil aufschießende Rakete des Geistes zu einem »Regen von Flammenzungen«, der über die Welt hinsprüht, hingegen die bedenklich wahllose Brüderlichkeit zur bedachten Wahl der aus Bestimmung Zugeordneten.

Die göttliche Mitte des Kreuzes

Gott ist Einer vor aller Schöpfung, unfaßbar, unschaubar, das Überlicht vor allen Farben, der Urton vor allen Tönen. Doch die Manifestation des Ur-Einen innerhalb der Schöpfung hat die Zweiheit, das will sagen die doppelte Lineatur des Seins, wie sie sich im Kreuz kundgibt, zur Folge. Gott »teilt« sich in Gegensätze, um sich dadurch in der Gestaltwelt zu offenbaren. Diese Gegensätze sind aber keineswegs als Bruch der Ur-Einheit zu verstehen, sondern hervorgegangen aus dem Liebeswillen der Gottheit, die Schöpfung zu durchdringen und den Geschöpfen einzuwohnen. Dies ist aber nur möglich durch die Selbstentäußerung der Ureinheit in die unterscheidende Zweiheit – nur dadurch ergibt sich anschaubare Leiblichkeit und Farbigkeit: die Schönheit der Kreatur als Offenbarung. Die Schöpfung geht zwar aus der Einheit hervor, nimmt aber erst durch die Zweiheit Gestalt an. Doch inmitten der Kraftfelder der Strebungen, Erkenntnisse, der Töne und Farben, der Spannungen des Männlichen und Weiblichen bildet sich schließlich infolge des Zusammenwirkens der Zweiheit ein Abglanz der Ureinheit, nämlich im Kreuzungspunkt der Horizontalen und Vertikalen, der einzigartigen Mitte des Kreuzes.

Die Kreuzarme schaffen Raumordnungen. Vierfach langen diese »Arme« aus: erst durch ihre Erstreckung bildet sich Raum, ja, ist sichtbare Schöpfung überhaupt erst möglich. Das Kreuz ist darum in einer Hinsicht die Erscheinung des sichtbar und hörbar raumzeitlich gewordenen Gottes. Aber die Kreuzarme dehnen sich nicht nur raumbildend ins Unbegrenzte aus, sie streben auch wiederum aus ihrer Extraversion zur Mitte zurück, von der sie ausgegangen. Darum wirken im Kreuz die Kräfte sowohl der Expansion wie der Konzentration. Ein klassisches Beispiel hierfür findet sich in den Visionen des Propheten Ezechiel. Er schaute an der Projektionsfläche des Kosmos vier verschieden gestaltete, in Quadratstellung aufeinander bezogene ungeheure Cherubim, die Hüter der Weltecken, die eine Kristallplatte trugen, in deren Mitte die Gestalt der Gottheit in Saphirglanz schimmerte. Die vier Machtwesen sind demnach die Ausstrahlung und Konkretisierung der mit der Mitte identischen Gottheit. Jedenfalls entspricht die Mitte des Kreuzes jenem »Mythos der Mitte«, der seit dem Beginn der Hochreligionen zu den wichtigsten heiligen Vorstellungen der Menschheit gehört. Einst wurde diese Mitte symbolisiert durch den heiligen Berg »in der Mitte der Welt«, architektonisch durch die Heilige Stadt als Abbild der himmlischen oder durch den Tempelturm, den Zikkurat, an dessen Spitze Himmel und Erde sich berühren und vereinigen[11].

Bei vielen Völkern galt diese heilige Mitte als jenes Zentrum, von dem aus sich das Universum kreuzförmig nach den verschiedenen Richtungen ausgebreitet habe. Ähnliches ist am Beginn der Paradiesgeschichte angedeutet, wenn aus der wüstenhaften Erde ein Wassersprudel hervorbricht, der sich kreuzförmig in vier Wasserarme teilt, welche die Erde fruchtbar machen. Die Menschheit ist zwar aus dem Paradies, das will sagen von dem Urquell alles Lebens, vertrieben, sie wohnt seitdem an den von diesem ausgehenden Flüssen (sind doch Hochkulturen der späten Jungsteinzeit in den Tälern der großen Flüsse entstanden) – und dies besagt: jeweils an einem der Kreuzarme. Sie ahnt zwar noch den Ursprung und sehnt sich nach seinem Frieden, seiner zwiespaltlosen Freude. Aber im Grunde halten doch die Besiedler jeweils eines Kreuzarmes ihr Teil, ihren Anteil, für das Ganze. Nur wer die Zusammengehörigkeit der beiden Richtlinien, der Horizontalen und Vertikalen, erkennt, wer weiß, daß und wie sie sich kreuzen, wird auch der dadurch sichtbar werdenden heilenden Mitte inne. Jedenfalls ist diese Mitte der Quell- und Friedensort des Seins. Denn dieser Mittelpunkt ist, wie dies Eliade formuliert, »die heilige Zone par exellence, das Gebiet der absoluten Wirklichkeit ... Die Teilhabe am ›Mittelpunkt‹ kommt einer Weihung, einer Initiation gleich.« Der Kreuzgang zur Mitte ist darum ein Initiationsvorgang – der Weg von den äußeren Kreuzenden zur geheimnisvollen, gestaltlos das ganze Universum in sich zusammenfassenden Mitte.

Die Mysterien aller Hochreligionen sind bestrebt, den Mysten, der sich ihnen anvertraut, in diese Mitte des Heils zu führen. Die Namen derselben mögen dabei verschieden sein. Auch wenn sie als das alle Gegensätze einschmelzende Selbst, als das göttliche Seelenfünklein, als Keim des pneumatischen Leibes, als mystische Lotosblume oder als Erfahrungsort des Christusbewußtseins bezeichnet werden, wird damit im wesentlichen doch ähnliches zum Ausdruck gebracht. Denn dieser Mittelpunkt ist, obwohl er erst als Kreuzungsort der beiden Grundlinien des Seins anschaulich wird, seinem Wesen nach bereits vor der Entstehung der Zweiheit existent. Dies ist ein durchaus paradoxaler Vorgang, der in Analogie steht zu einer Formulierung Dantes im Paradiso, mit der er Maria als Tochter ihres Sohnes bezeichnet, was doch bedeutet, daß Jesus Maria, die ihn geboren hat, zuvor gezeugt habe. So ist auch die Mitte als kosmische Energiequelle vor den vier Kreuzarmen, die aus ihr hervorgegangen, auch wenn diese in der Sinnenwelt ihren Ursprung erst bilden. Diese Mitte ist das Bild der Ganzheit vor jeglicher Teilung und zugleich der Ort und die Kraft, durch welche die vierfache Ausstrahlung in die Welt wieder zur überweltlichen Ganzheit vereinigt wird. Das gleiche gilt, wenn diese Mitte als Symbol des Selbst, der transkausalen Einheit des Menschen, verstanden wird. Denn dieses Selbst ist der transzendentale Ursprung des Menschen, den er freilich erst auf dem Weg der Wandlung durch das Ausrichten auf die Mitte wieder zu erlangen vermag. Darum ist diese »Mitte ohne Eigenschaften« (weshalb es unmöglich ist, sie mit den Kategorien der Sinnenwelt zu beschreiben) das eigentliche Ziel der Menschwerdung, zu dem alle Menschen bewußt oder unbewußt hinstreben und in dem sie den Einklang der Welten zu erfahren vermögen.

Der Mensch ist zwar angewiesen, die Vielgestalt des Lebens als Ausstrahlung der göttlichen Einheit wahrzunehmen, aber alle diese durch die Kreuzarme symbolisierten »Wege« münden, wenn man sie getreu ausschreitet, in die lösende und einende Mitte, den »Ort« der Fülle, des Pleromas, des Friedens, der Ruhe. Vielleicht wird es nur selten Menschen beschieden sein, für dauernd in dieser Mitte zu verharren. Wer aber einmal die »Wonne der Mitte« gekostet hat, der wird sich immer danach sehnen und alles daransetzen, wieder, auf welche Weise auch immer, zu diesem Ort, d. h. diesem Zustand des Friedens, zu gelangen.

T

Das Tau-Kreuz

Der alttestamentliche Prophet Ezechiel berichtet im 9. Kapitel seines Buches eine überaus dramatische Szene. Jerusalem war damals überflutet von heidnischen Kulten, das Volk von der es konstituierenden Gottheit abgefallen und Gott »in Zornglut« gegen die Abtrünnigen entbrannt – er hatte den Untergang der Stadt beschlossen. Ezechiel, der

Historiograph göttlicher Ratschlüsse, hörte in der Folge eine himmlische Stimme rufen: »Kommet heran, die ihr das Gericht an der Stadt zu vollstrecken habt, ein jeder sein Zerstörungsgerät in der Hand! Und siehe, sechs Männer kamen vom obern Tor her ..., ein jeder sein Zerschmetterungsgerät in der Hand, und mitten unter ihnen (als siebter) ein Mann in Linnen gekleidet, das Schreibzeug an der Seite.« Dem weißgekleideten Mann wurde aufgetragen: »Gehe mitten durch die Stadt, mitten durch Jerusalem, und zeichne ein Taw auf die Stirnen derer, die seufzen und stöhnen ob all dem Greuel.« Doch den andern wurde befohlen: »Gehet diesem nach durch die Stadt und schlaget drein ..., alle tötet, vernichtet ... Doch keinen, der das Taw als Zeichen an der Stirne trägt, dürft ihr anrühren.«

Was ist nun dieses geheimnisvolle Taw, das den mit ihm Bezeichneten Leben und Überleben inmitten des Untergangs gewährleistet? – Es ist seiner sachlichen Herkunft nach der letzte Buchstabe des hebräischen Alphabets, der sich in der griechischen Schrift und Sprache zum Tau, in den späteren europäischen Schriftzeichen zum T wandelte. Im Zusammenhang mit der Kreuzsymbolik ist dieses Lebenszeichen Taw bedeutsam. Denn »das urtümliche Buchstabenzeichen Taw in seiner primitiven Form ist, im Gegensatz zu seiner späteren (nachexilischen) des hebräischen Alphabets, nichts anderes als eine Art von Kreuzzeichen, in der Gestalt eines + oder X ... Das phönizische Zeichen für Taw ist wiederum meist ein +, desgleichen das makkabäische Taw auf jüdischen Ossuaren und Grabinschriften im ersten Jahrhundert vor und nach Chr.«[12]. Erst in nachexilischer Zeit hat das alte kreuzförmige Taw seinen heutigen quadratischen Charakter erhalten. Allerdings wurde das Taw, wie später das griechische, aus der phönizischen Schrift hergeleitete Tau auch in Form eines T geschrieben. Was bedeutet nun dies gemeinsemitische Taw? Eigentlich hat es im allgemeinsten Sinn die Bedeutung von »Zeichen« oder, in der altsinaitischen Schrift, von

»Gerichtsmarke«, was dem Sinn nach etwa dem Worte »Siegel« entspricht, wovon noch weiteres auszusagen sein wird. Jedenfalls wurden in der Untergangsvision Ezechiels die Getreuen durch die »Gerichtsmarke« des Taw vor dem leiblichen und geistigen Todes-Gericht bewahrt. Das Taw ist aber für die jüdische Buchstabendeutekunst, wie sie in der nachexilischen Zeit des spätantiken Judentums entwickelt wurde, nicht nur das Buchstabenbild für »Zeichen«, sondern zugleich Abschluß des als heilig erachteten Alphabets. Überdies bildet das Taw den ersten Buchstaben des Wortes Thora (Weisung, Gesetz) und galt darum als Inbegriff des Heilsgesetzes. Da aber im talmudischen Denken den Buchstaben eine kosmologische Bedeutung zugeschrieben wird, weil Gott »mit Hilfe der 22 Buchstaben die Welt geschaffen« habe, wird dem letzten Buchstaben des Alphabetes, Taw, eine Sonderstellung als Zeichen der Vollkommenheit zugeteilt. Denn aus der Wurzel tau-m stammt das hebräische Wort tom = Ganzheit, und tamam = vollendet. Dies weist darauf hin, daß das vorchristliche Taw, das jüdische »Kreuz«, wie später das christliche, das Zeichen der Vollkommenheit und Ganzheit, was besagt: der Überwindung der Gegensätze von Licht und Finsternis, von Himmel und Hölle, von Leben und Tod, Gnade und Gericht darstellt.

Die Kirchenväter der ersten Jahrhunderte haben sich immer wieder mit dem Taw als Sinnbild beschäftigt. Für sie war es eine Prophetie auf das christliche Heilszeichen, das Kreuz. So konnte Hieronymus im Anschluß an Ezechiel schreiben: »Wer immer dieses Zeichen trägt (das Kreuz), wird nicht getötet.« Denn seinem Sinn nach bedeutet Taw nicht nur »Zeichen«, sondern auch Kreuzzeichen. Wurde doch in der griechischen Übersetzung des Alten Testaments, der Septuaginta, das Taw sowohl in geistlicher wie auch in profaner Bedeutung mit semeion, d. h. Zeichen oder Kreuzzeichen, übersetzt. Denn dies »Zeichen«, das Kreuz nämlich, wurde im wirtschaftlichen und sozialen Leben als Kennzeichen für Stammesangehörige, als Eigen-

tumszeichen für Sklaven oder Vieh oder zur Beglaubigung einer Urkunde verwendet. Die frühen Kirchenväter nannten es darum signatio, ein Wort, von dem unser Siegel und siegeln hergeleitet wird.
Nun findet sich in der großen Bilderschau der Johannes-Apokalypse der Begriff der Siegelung: Es werden nach Offb 7,2 f und 9,4 die Gerechten und Bewährten an der Stirne mit dem Siegel des lebendigen Gottes stigmatisiert. Und wie in der Ezechiel-Vision können dann die Dämonen, nämlich die Skorpion-Heuschrecken (Offb 9,3 ff), den derart Versiegelten keinen Schaden zufügen, während diejenigen, welche nicht das Siegel Gottes an der Stirne tragen, gepeinigt und getötet werden. Es wird in der Johannes-Apokalypse zwar nicht gesagt, von welcher Art diese Siegel sind. Aber zweifellos handelt es sich, infolge so mancher Gleichklänge, um jenes Taw, das Kreuzzeichen, von dem bei Ezechiel und in der Frühzeit der christlichen Symboltheologie die Rede ist. Es ist demnach hier vom Kreuz als Signum des Heils die Rede – eine der Wurzeln der Herkunft der frühchristlichen Sitte, sich auf der Stirne mit dem Kreuzzeichen zu signieren. Ein Beleg hierfür ist in der Auslegung von Ez 9,4 durch Origenes zu finden. Dort läßt er einen Judenchristen erklären, »daß die alte Schreibweise des Buckstabens Taw in der Form eines Kreuzes wiedergegeben wurde und daß also hier eine Prophezeiung vorliege auf das Zeichen, das später einmal unter den Christen auf der Stirn gemacht wurde: wie dies ja auch die Gläubigen jetzt tun, wann immer sie eine Arbeit beginnen, und ganz besonders vor dem Beten und vor den heiligen Lesungen« (siehe hiezu Nachtrag).
Zudem ist es höchst wahrscheinlich, daß das Kreuz der frühchristlichen Jahrhunderte nicht das längst gewohnte vierschenklige (crux immissa), sondern das T-Kreuz (crux commissa) gewesen ist. Letzteres wurde erst im Frühmittelalter durch das »vollständige« Kreuz verdrängt. Aber noch im Werk des »Engelmalers« Fra Angelico taucht das alte T-Kreuz auf – so z.B. in seinem »Jüngsten Gericht«:

Christus erscheint in der Glorie des Himmels, zwei Engel aber halten vor seinem Sitz ein mächtiges T-Kreuz, als Zeichen des Menschensohnes, durch das der ewige Stand der Menschen offenbar wird. Und Franz von Assisi unterschrieb seine Briefe mit einem T-Kreuz.

Das Schrägkreuz

Das Schrägkreuz, bestehend aus zwei sich kreuzenden Diagonalen, ist höchst wahrscheinlich so alt wie das aufrechte, rechtwinklige Kreuz. Jedenfalls findet es sich bereits als Bestandteil der steinzeitlichen Felsmalereien oder -ritzungen als ein nicht mehr von andern Formen ableitbares Urzeichen. Möglicherweise handelt es sich beim Schrägkreuz um die Verbindungswege zu den Ecken des »Weltberges«, dieses archaischen Bildes der hierarchisch gestaffelten Schöpfung. In den christlichen Symbolschatz fand das alte Zeichen Aufnahme unter der Bezeichnung »Andreaskreuz«. Denn der Legende nach erlitt der Apostel Andreas an einem solchen Schrägkreuz das Martyrium, weshalb er in der Ikonographie stets mit dem Schrägkreuz in der Hand dargestellt wird. Es ist symbolisch bedeutungsvoll, daß der Jünger an einer andern Art von Kreuz getötet wurde als der Meister. Denn verschiedene Formen haben auch verschiedenen Sinngehalt: Sie sind Ausdruck für verschiedenartige geistige Verhältnisse und Rangstufen.
Weil aber der Jünger Andreas am Schrägkreuz starb, was auch bedeutet, daß er mit diesem identifiziert werden

kann, so ist dieses als »Jüngerkreuz« zu verstehen, hingegen das gleichseitige, aufrechtstehende Urkreuz als »Meisterkreuz«, das Zeichen künftiger Weltvollendung. Das Schrägkreuz ist darum über die Beschränkung auf die historische Jüngerschaft hinaus in weiterer Sinndeutung das »Kreuz des Menschen«. Das aufrechte Kreuz ist Darstellung jener überweltlichen heilen Ordnung, die auch inmitten der Korruption nicht zu zerstören ist. Das Schrägkreuz aber sinnbildet den an die Ordnung des Gesetzes gebundenen Menschen. Wegen dieses Sinngehaltes erweist es sich als Zeichen unbedingter Hingabe und der Selbstentäußerung im Gegensatz zum Meisterkreuz, das sonnenhaft die Allgegenwart der Gottheit vergegenwärtigt. Am Andreaskreuz ist der Mensch entmächtigt, er hat keinen Stand mehr auf der Erde – er wird gleichsam nach allen Weltgegenden auseinandergerissen.

Dadurch ereignet sich zweierlei: der Mensch wird entmächtigt, er gerät in die Situation der Ohnmacht. In dieser muß er darauf verzichten, sich mit seinem Willen gegen die Umwelt zu behaupten. Der Mensch am Andreaskreuz hat sich in dreifacher Weise ausgeliefert: dem Willen Gottes, dem Gesetz des Kosmos und der Nötigung des eigenen Wesens. Die Frucht dieser Selbstopferung durch das Ausgestrecktsein am Kreuze aber ist, daß die eingekreiste und gefangene Mitte des Menschen durch seine Glieder frei wird und zu strahlen beginnt. Diese, durch Begierden überdeckt und eingeengt, wird frei und beginnt sich zu dehnen und zu atmen. Das Geheimnis der Andreaskreuz-Haltung: Je mehr der Mensch alles Beiläufige von sich streckt, desto reiner und fühlsamer meldet sich das Unveräußerliche in ihm – er beginnt aus der Mitte zu leben. Wie dies im leibseelischen Bereich Ereignis wird, soll im praktischen Teil der Kreuzmeditation dargelegt werden.

Ein weiterer Aspekt des Schrägkreuzes ergibt sich dadurch, daß das X seiner Gestalt zugleich das lateinische Zahlzeichen für zehn darstellt. Zehn ist die Zahl der Vollkommenheit – auf dem Fundament der zehn Grundzahlen beruht jedes weitere Zahlengefüge. Die Zehn ist das tragende und unveränderbare Gerüst aller Lebensvorgänge. In der Zehnzahl tritt die unsichtbare Ordnung in die Sichtbarkeit und wirkt sich in den Bereich des tätigen Vollzuges aus. Durch die Zehnzahl unserer Finger und Zehen sind wir zu gezieltem und differenziertem Handeln befähigt. In Analogie hiezu stehen die Zehn Gebote als Ausdruck der für alle Menschen gültigen Grundordnung des Seins. Sie sind gleichsam das Kreuz der Sittlichkeit, an das der Mensch um Gottes und der Mitmenschen willen gebunden ist.

Tiefsinniger als die römische Sinngebung des X als Zehnzahl deutet Platon das Schrägkreuz. Im Griechischen nämlich wird das Chi, der Anfangsbuchstabe des Wortes Christus, als X geschrieben. Davon weiß Platon in seinem Timaios zu berichten. Er schreibt nämlich, daß Gott die Weltseele in die Mitte der Welt gesetzt habe. Doch dann »spaltete er dies ganze Gefüge der Länge nach in zwei Hälften, schlang beide Teile in Gestalt des Buchstabens Chi (X) zusammen und wand aus jedem einen Kreis, so daß beide mit ihren Enden der Mitte gegenüber miteinander wie auch jeder mit sich selbst zusammentrafen.« Dies Chi der Weltseele sahen die Griechen am Himmel gebildet durch Ekliptik und Äquator. In der Schau Platons war demnach die Weltseele in der Gestalt des Chi, des X, und das will sagen des Kreuzes, über die ganze Schöpfung hin gespannt. Die Weltseele war im Weltganzen »gekreuzigt«. Diese geheimnisvolle Schau war den frühen Christen wohlbekannt. Darum konnte Justin (Apol. 1,60) die Weltseele mit Christus identifizieren, nicht so sehr wegen des äußeren Zusammenhangs von Chi und Kreuz, sondern vielmehr wegen des inneren von Weltseele und Christus. Justin war nun der Ansicht, Platon trage hier eine Naturlehre über den Sohn Gottes vor. In ähnlicher Sicht stellt auch Irenäus die Identität von Weltseele und Christus fest, freilich ohne beide Namen eigens zu erwähnen: »Er (Christus) ist selbst das Wort des allmächtigen Gottes, welches in unmittelbarer Gegenwart uns alle durchdringt, und des-

halb umfaßt er alle Welt, ihre Breite und Länge, ihre Höhe und Tiefe, denn durch das Wort Gottes werden alle Dinge der Ordnung gemäß geleitet, und Gottes Sohn ist in ihnen gekreuzigt, indem er in der Form des Kreuzes allem aufgeprägt ist« (Epid. 1,34). Die letzte Aussage dieses Zitates könnte ebensogut eine Beschreibung des Schicksals der Weltseele sein. Denn nach Platon gibt sich die vernunftbegabte Weltseele in einem ewigen Selbstgespräch selbst Rechenschaft über alles, was durch sie geschieht. Das tut aber auch der Logos Gottes, »der unsichtbarerweise alles umfaßt, was geschaffen ist; ja er ist der ganzen Schöpfung eingeprägt, weil er das Wort Gottes ist, das da alles leitet und ordnet. Darum kam er auf sichtbare Weise in sein Eigentum und wurde Fleisch und hing am Holz, auf daß er das Universum in sich rekapituliere.«
Diese wenigen Querschnitte durch die Bedeutungsschichten des Schrägkreuzes, die sich um weitere vermehren ließen, erweisen die große Spannweite dieses neben dem rechtwinkligen, aufrechten Kreuz wichtigsten uralten Kreuzzeichens.

Das Christogramm

Das altüberlieferte sogenannte Christogramm ist auf das engste sowohl mit dem Tau wie mit dem Schrägkreuz verwandt – bildet doch das X das Grundgerüst dieses reichsten aller Kreuzzeichen. Das Christogramm setzt sich zusammen aus dem X, dem griechischen Buchstaben Chi, und dem P, dem griechischen Buchstaben Rho; beide bilden

die Anfangsbuchstaben des Wortes Christos, und in weiterer Ausgestaltung wird noch ein Querstrich hinzugefügt, so daß ein strahliger Stern entsteht, der durch die P-Schleife des senkrechten Mittelstrichs überragt wird. Es handelt sich demnach um eine monogrammatische Darstellung des Wortes Christos. In solcher Form und Sinngebung war dies strahlende Kreuzzeichen im christlichen Altertum hochgeschätzt – es wurde erst im Laufe des 2. Jahrhunderts n. Chr. vom einfachen aufrechten Kreuz und von einem andern Christogramm, JHS, verdrängt – doch ist es aus der christlichen Ikonographie nie ganz verschwunden.
Wie alle Kreuzzeichen, ist auch dieses vorchristlicher Herkunft. Es stammt aus dem alten Ägypten und wurde dort aus zwei Symbolen zusammengefügt: aus dem Henkelkreuz, dem Zeichen für Heil und Leben, und dem Sonnenrad (oder -stern), dem Zeichen für Gott oder Licht. Und so hat es wohl ursprünglich bedeutet: Leben aus Gott, göttliches Leben. Der Querstrich, der zusammen mit dem aufrechten P ein rechtwinkliges Kreuz bildet, gibt dem ganzen Zeichen gleichsam eine Basis, er teilt es spiegelbildlich in ein Unten und Oben, wodurch zeichenhaft die im Wort »wie im Himmel, so auf Erden« enthaltene Entsprechung anschaulich wird. Jedenfalls bedeutet das Christogramm im christlichen Verständnis: Christus ist das göttliche Leben im Himmel wie auf Erden. Damit wird der christliche Glaube in eine kurze Bekenntnisformel kondensiert.
Wie alle Kreuzzeichen enthält auch das Christogramm verschiedene Bedeutungsschichten. Es wurde schon darauf hingewiesen, daß es in einer Hinsicht als Zeichen für Licht, Leben, Heil oder auch als Epiphanie der Gottheit in ihrem »Namen« verstanden wurde. Anderseits gilt das in diesem Sternkreuz enthaltene X als Symbol der vier Elemente, d.h. der tellurischen Welt, in die lebenspendend ein Strahl vom Himmel niederfährt: Christus, welcher die gestörte Ordnung wiederherstellt, als Sieger inmitten der Welt. Im Laufe der Entwicklung des Zeichens in der Spätantike und im Frühmittelalter wurde das Christogramm immer rei-

cher ausgebildet. So wurden z.B. diesem christlichen Sonnenzeichen die griechischen Buchstaben Alpha und Omega links und rechts hinzugefügt, die auf Christus als die den Anfang und das Ende vereinende göttliche Kraft hinweisen.

In den Schatz der christlichen Heilszeichen wurde das Christogramm durch Kaiser Konstantin den Großen aufgenommen. Über den Anlaß hierzu berichtet die Legende: Der Kaiser von Ostrom, Konstantin, erhob Anspruch auf die Herrschaft über das gesamte Römische Reich, d.h. auch über Westrom. Um dies Ziel zu erreichen, unternahm er es, dem Kaiser von Westrom, Maxentius, die Herrschaft streitig zu machen. Dies geschah durch eine Entscheidungsschlacht, in der Maxentius besiegt wurde. Vor der Schlacht will Konstantin am Himmel das Christogramm gesehen haben (in den ersten christlichen Jahrhunderten wurden oft Lichtkreuze am Himmel geschaut), begleitet von einer Stimme: »In diesem Zeichen wirst du siegen.« Konstantin ließ darum das Christogramm auf die Schilde seiner Soldaten malen – was später während seiner Alleinherrschaft allgemeine Sitte wurde. Nach seinem Sieg erhob der Kaiser das Christogramm zum Reichsinsignium. Die Reichsfahne mit dem heiligen Zeichen bestand aus Goldbrokat, darauf das Christogramm durch Juwelen gebildet war. Sie wurde in einem eignen Raum seines Palastes zu Byzanz von einer Offiziersgarde bewacht. Auch die Standarten der Legionen wiesen dies heilbringende Siegeszeichen auf. Es wanderte auch allmählich in die Kirchen, wo es oft riesengroß auf den Mosaiken der Absiden aufglänzte. Das Christogramm wurde von da an für tausend Jahre zum Bekenntnis- und Siegeszeichen auch der Kirche. Steinsarkophage aus Ravenna sind des öfteren mit drei monumentalen Christogrammen geschmückt. Auf einem Mosaik des Baptisteriums von Albenga aus dem 5. Jahrhundert findet sich das Christogramm verdreifacht in drei konzentrischen Kreisen und von einem Kranz weißer Tauben, den Aposteln, umgeben. Das monogrammatische Kreuz in der Kuppel des

Baptisteriums von Neapel aus dem Ende des 4. Jahrhunderts nimmt die Stelle des Bildes Christi ein. Diese wenigen Beispiele aus einer Fülle von Denkmälern beweisen, wie hoch das Christogramm geschätzt und wie vielfältig es variiert wurde.

Das Hakenkreuz

Nach all dem Greuelhaften, das in der ersten Hälfte dieses Jahrhunderts im Zeichen des Hakenkreuzes geschah, kann es begreiflicherweise unangenehme Erinnerungen erwekken, wenn hier dies – wenn auch nur für kurze Zeit – mißbrauchte Zeichen gedeutet wird. Aber das Hakenkreuz gehört nun einmal zu den »großen Zeichen« der menschlichen Geistesgeschichte – darum ist es nicht möglich, es auszuklammern, nur weil es vorübergehend in den Dienst des Bösen gestellt wurde. Auch das Hakenkreuz ist wie alle Kreuzzeichen im Laufe des langen Bewußtwerdungsprozesses der Menschheit aus der Matrix des gleichschenkligen Urkreuzes hervorgegangen. Allerdings ist es einer seiner jüngsten Abkömmlinge; denn es hat erst vom 4. Jahrtausend v. Chr. an seine Wanderung um den Erdkreis angetreten. Dies besagt, daß sowohl seine Gestalt wie sein Rhythmus und sein Symbolgehalt der Kulturphase, in der es hervortrat, entsprach – nämlich jener Zeit der gesteigerten Dynamik, welche die Menschheit dazu drängte und in den Stand setzte, nach Jahrtausenden der Vorbereitung eine Kulturschwelle von ungeheurem Ausmaß zu überschreiten. Sind doch alle Zeichen Zeugen des jeweiligen geistig-geschichtlichen Prozesses, in dessen Verlauf sie ins Bewußtsein traten. Deshab steht das Aufkommen des Hakenkreuzes in Entsprechung zu jener Menschheitsrevolution vor etwa 6000 Jahren, durch welche der Überschritt vom Jäger- und Nomadendasein zu dem des seßhaften Ackerbauers und Städters geschah. Erstmals fanden sich damals Menschengruppen in den großen Flußtälern des Ostens in Dörfern und Städten zusammen: Sie schufen Tempel, verbanden die Siedlungen durch Wege, erfanden die Schrift, konstituierten Gesetze und fixierten die Tradition. Was sich während Jahrhunderttausenden vorbereitet hatte, brach nun wie ein schöpferischer Lavastrom hervor und setzte die Menschen in den Stand, die Erde in Besitz zu nehmen.

Das Hakenkreuz ist von jeher ein Sinnzeichen für durch Feuerkraft hervorgerufene Bewegung, die unaufhörlich Gestaltung und Umgestaltung bewirkt. Wer sich mit dem Hakenkreuz und dessen Dynamis einläßt, wird in Bewegung gesetzt – sei es zur lichten Höhe, sei es zum Abgrund hin.

Das Hakenkreuz unterscheidet sich vom Urkreuz durch die »Haken«, welche an den Enden des gleichschenkligen Kreuzes rechtwinklig angesetzt sind. Diese Haken können entweder nach links oder nach rechts weisen – dementsprechend wird das Hakenkreuz als rechts- oder linksläufig bezeichnet. Der zweifachen Richtung entspricht der Doppellauf des Lebens: der Auf- und Untergang der Sonne, das Werden und Vergehen aller Gestalten, die Verschlungenheit von Leben und Tod, der Wechsel von Tag und Nacht, von Aktion und Passion, von Erleuchtung und Verfinsterung, von Liebe und Gerechtigkeit. Insofern steht das Hakenkreuz seinem innern Sinn nach in der Nähe der Doppelspirale, die das Ein- und Ausrollen des Lebensprozesses anzeigt, den Atemrhythmus des Universums. Darum werden, wie z. B. auf der Brust von Buddhastatuen, zuweilen zwei gegenläufige Hakenkreuze paarweise angebracht, als Ausdruck der buddhistischen Lehre von der Vernichtung der Gegensätze im »Nichts«, dem buddhistischen Heilsziel.

Eine bedeutungsvolle Abwandlung des Hakenkreuzes, dieser variationsreichsten aller Kreuzformen, ist das Flammenrad, das entsteht, wenn die vier Kreuzbalken nicht mehr gradlinig und rechtwinklig, sondern vom Mittelpunkt aus sichelförmig geschwungen sind. Dann sind die bisher rechtwinklig angesetzten »Haken« ebenfalls sichelförmig geformt – sie bilden mit den geschwungenen Kreuzbalken zusammen Flammenlinien als Sinnbilder gesteigerter Dynamik. Dieser Eindruck wird wesentlich verstärkt, wenn die Flammenlinien des Hakenkreuzes verdoppelt werden, so daß die Gestalt eines Wirbels entsteht. Ein solches Flammenwirbel-Hakenkreuz ist nichts anderes als eine Preisung der unendlichen Schöpferkraft und der ständigen Wandlung und Umwandlung alles Geschaffenen. Im Wirbel des göttlichen Schöpfungsprozesses werden, so zeigt es das Hakenkreuz, immer neue Gestalten in das Weltall geschleudert. Im Gegensatz hierzu repräsentiert das Urkreuz die stete »heilige Ordnung«, »wie im Himmel, so auf Erden«.

Weil das Hakenkreuz im Laufe der Menschheitsgeschichte erst »spät« bekanntgeworden ist, lassen sich seine Wanderwege rings um den Erdball anschaulich verfolgen. Von Böhmen und Siebenbürgen aus ist das Zeichen im dritten Jahrtausend in den unteren Donauraum und von da aus nach Troja gewandert, wo weibliche Idole mit dem Hakenkreuz bemalt gefunden wurden. Denn für den steinzeitlichen Ackerbauer war das Hakenkreuz nicht nur ein Zeichen der Sonne, sondern auch des Lebens und der Schöpfung. Darum kann eine weibliche, mit dem Hakenkreuz versehene Gestalt nichts anderes bedeuten als die lebenspendende Muttergöttin. Am Ende des 2. Jahrtausends v. Chr. lernten die Germanen und die Kelten das Heilszeichen kennen – zur gleichen Zeit taucht es in Sumer, im Zweistromland und in Mykene auf, wo es den goldenen Totenmasken als Lebenszeichen eingeprägt war. Hohe Bedeutung erlangte es im 3. und 2. Jahrtausend v. Chr. in der kretischen Kultur, wo es in Verbindung stand mit der Mäander- und Labyrinth-Ornamentik. In Ägypten wurde das Zeichen nie dauernd heimisch. Im Laufe des 1. Jahrtausends v. Chr. ist seine Verbreitung im archaischen Griechenland, in Unteritalien und bei den Etruskern festzustellen.

Nach Indien kam das Hakenkreuz als Import aus dem Westen, möglicherweise durch den Alexanderzug. Seit dem 5. Jahrhundert v. Chr. ist es im Hinduismus und Buddhismus verbreitet. Volkstümlich galt es als »großes Glückszeichen«. Durch die Missionstätigkeit des Buddhismus gelangte es um die Zeitenwende nach China. Dort wurde es der Zahl 10000 gleichgesetzt, welche Fülle, langes Leben und Wiedergeburt symbolisiert. Und schließlich bestimmte die Kaiserin Wu durch ein Edikt im 7. Jahrhundert n. Chr. das »Hakenkreuz im Kreise« als Schriftzeichen für Sonne. Schon Jahrzehnte zuvor hatte Kaiser Tai Tsung durch sein Verbot, das Hakenkreuz als Ornament für Textilien zu gebrauchen, versucht, das »heilige Zeichen« vor Profanierung zu schützen. Jedoch vergebens; denn sowohl in China wie in Japan, wo buddhistische Mönche das Zeichen bekanntgemacht hatten, entwickelte sich eine überaus reiche Hakenkreuz-Ornamentik.
Auf den beiden amerikanischen Kontinenten war das Hakenkreuz schon in vorkolumbanischer Zeit bekannt. Wahrscheinlich haben es die indianischen Völker vom Westen her empfangen (Völkerwanderung über die Beringstraße?). Jedenfalls gehörte das Hakenkreuz zu den aztekischen Hieroglyphen: Gleicharmig im Kreise galt es

als das Zeichen für Sonne und Tag, sichelförmig geschwungen als dasjenige für Jahr.
Auch in den christlichen Symbolschatz ist das Hakenkreuz aufgenommen worden, allerdings erst, nachdem sich das gleicharmige Kreuz als ein christliches Zeichen durchgesetzt hatte. Etwa vom 4. Jahrhundert an erscheint es immer öfter in den Katakomben und dann auf den Malereien der Kirchen sowohl des Westens wie des Ostens und an liturgischen Gewändern. Stets handelt es sich bei diesen Hakenkreuz-Zeichen um Bezeugungen des Glaubens, insbesondere der Auferstehung Jesu und der Hoffnung auf die Wiederkunft Christi. Eine andere christliche Deutung des Hakenkreuzes ist: Wie das lebenspendende Feuerrad belebt die Sonne Christi als das erhellende, erwärmende und zeugende Licht Leib und Seele der Menschen.
Wahrscheinlich ist das »liegende« Hakenkreuz dessen älteste Form: Der unterste Haken ruht auf einer imaginären Unterlage horizontal auf, wobei die Spitze des Hakens nach links oder rechts gerichtet sein kann. Der Drehcharakter des Zeichens tritt aber deutlich erst dann in Erscheinung, wenn das Hakenkreuz auf die Spitze gestellt ist.

Dann wirkt es wie in der Luft schwebend, den Untergrund nur in einem Punkte berührend. Durch die sichelförmige Biegung der Kreuzbalken und der sie fortsetzenden »Haken«, die Vorform des Flammenrades, wird der Eindruck der Rotierung intensiviert. Zum Wirbel- und Feuerrad wird das Sichelhakenkreuz jedoch erst durch die Verdoppelung der Balken. Dadurch oder durch die Verdreifachung der Balken und Haken sowie die Richtungsänderung der angesetzten Teile entstehen mäander- oder labyrinthartige Gebilde, die anzeigen, wie Tod und Leben ineinander verschlungen sind und wie sie auseinander hervorgehen.

Zweiter Teil
Der Mensch als Kreuz

Der Mensch ist physisch und geistig kreuzförmig gestaltet – dies bezeugt das Skelett jedes Menschen, das nicht nur *ein* »Kreuz« aufweist, nämlich das »untere Kreuz«, in dem sich Becken und Wirbelsäule vereinen, sondern auch noch ein zweites, das »obere Kreuz«, als Verbindung des Schultergürtels mit der Brust- und Hals-Wirbelsäule. Diese beiden Kreuze sind durch den federnden Bogen der Wirbelsäule miteinander verbunden und stehen durch sie miteinander im Austausch. Gewiß zeigt die ganze Gestalt des Menschen die Kreuzförmigkeit seines leiblichen Baus. Doch wenn man diese genauer kennenlernen will, ist es notwendig, das Skelett zu studieren. Denn nur dieses zeigt in wunderbarer Klarheit die Kreuzstruktur des menschlichen Leibes. Man muß demnach bis auf die Knochen zurückgehen, um die leibliche und geistige Artung des Menschen zu begreifen. »Die Gestalt des Menschen ist der beste Text zu allem, was sich über ihn empfinden und sagen läßt.« Was damit Goethe von der ganzen Gestalt aussagt, das gilt im besondern vom Skelett. Denn an ihm tritt unverhüllt zutage, was durch die daran haftenden Muskeln verborgen wird. Zudem bestimmt der Knochenbau die Gestalt des Menschen, ob er groß oder klein, ob er kräftig oder schmächtig geraten ist. Wir werden uns darum in den folgenden Kapiteln auf das Skelett beschränken und versuchen, diesem alles abzulesen, was als Voraussetzung der Meditation und für diese selber aufschluß- und hilfreich sein kann. Denn – dies sei vorweggenommen – alle Aktionen und Einfühlungen im Zusammenhang mit der Kreuzmeditation sollen im Kontakt mit dem Knochengerüst durchgeführt werden.

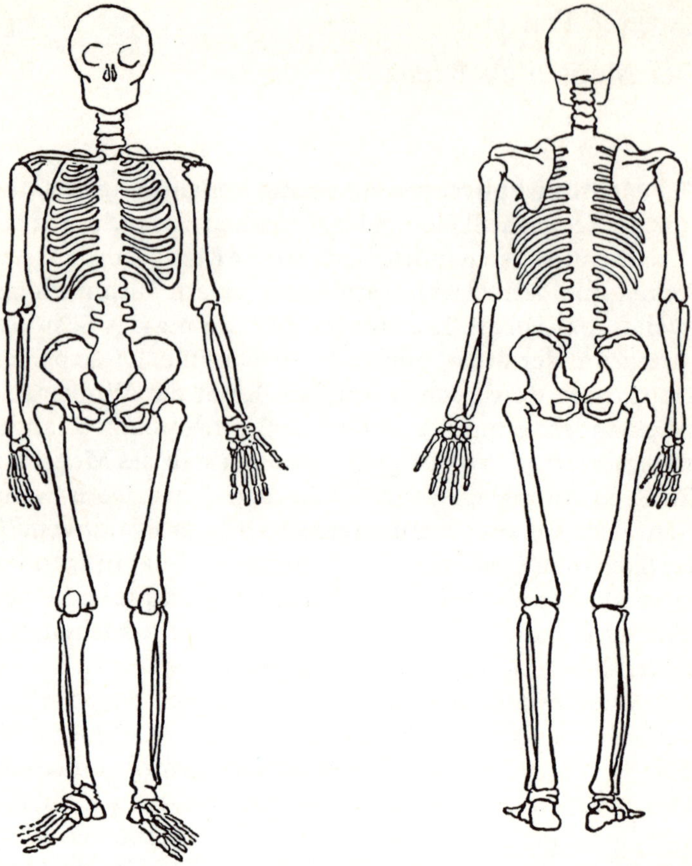

Menschliches Skelett, Vorder- und Rückseite, insbesondere auf der Rückenansicht ist das untere Kreuz ober- und innerhalb des Beckens und das obere Kreuz der Schultergegend mit Hals wahrnehmbar.

Das untere Kreuz

Gewöhnlich bezeichnet man nur dieses als »Kreuz«, und man spricht von ihm auch nur, wenn diese Region schmerzhaft spürbar geworden ist. Daß dies einst so häufig der Fall war, daß dieser Bereich geradezu sprichwörtlich geworden ist, und daß die »Kreuzschmerzen« heutzutage noch häufiger auftreten als ehemals, zeigt an, daß es sich um eine ungemein kritische Stelle im Bereich der Wirbelsäule bzw. ihrer Endglieder handelt: um die Einpfropfung der Wirbelsäule in das Becken – »gerammt im Grund der Hauptstamm steht«, hat Werner Bergengruen in dichterischem Realismus formuliert. Tatsächlich lehrt die Erfahrung, daß wir uns in diesem Bereich »auf dem Grunde« befinden. Denn in diesem Tief-Unten sind nicht nur symbolisch, sondern auch nervenmäßig die kollektiven Kräfte des Menschen zentriert. Hier ist der Bereich des Triebhaften, Unbewußten und Archetypischen – in dieser Region treten auch jene Nervenpaare aus dem Rückgrat hervor, welche die Darm- und Geschlechtsfunktionen sowie die Motorik der Beine regulieren. Dies besagt: Hier wird alles Grundlegende für die Existenz bereitet: die Ernährung als Sicherung der Gegenwart und die Zeugung als das Auslangen in die Zukunft. Hier wie überall im und am Leibe decken sich die funktionellen und die gestaltsymbolischen Aspekte. Darum ist es realistisch, festzustellen: Das »untere Kreuz« ist gleichsam die Erdwurzel des Menschen. Es verhält sich hierbei wie bei der Wurzel des Baumes: Ist diese gesund, vermag sie die Nahrungskräfte ungehemmt den oberen Bereichen des Baumes zuzuführen, dann gedeiht der Baum und entfaltet sich zur vollen, reichen Gestalt. Ist aber die Wurzel krank oder in ihrer Funktion gestört, dann leidet der ganze Baum bis in seine Krone hinauf, ja er ist dann in Gefahr, zu verkrüppeln oder gar zu verdorren. Ähnlich ist die Gesundheit oder Krankheit des »unteren Kreuzes« von buchstäblich grundlegender Wichtigkeit für die Ausbildung und das Gedeihen des ganzen

Leibes, des ganzen Menschen. Wenn das »untere Kreuz« beeinträchtigt ist, dann können sich auch die Funktionen des oberen, mehr geistigen und individuellen Charakter tragenden oberen Kreuzes nicht voll und ungestört entfalten.

Jedenfalls lehrt die Erfahrung wie die Gestaltsymbolik, daß in der Region des »unteren Kreuzes« positiv und negativ jene Probleme zum Austrag kommen, die mit der Herkunft, mit Volk, Stamm, Familie zusammenhängen. Die Zunahme der Erkrankungen des unteren Teils der Wirbelsäule hängen zweifellos (wenn auch nicht nur) mit dem fortschreitenden Zerfall der menschlichen Beziehung zur großen oder kleinen Gemeinschaft zusammen. Es ist heute geradezu Ehrensache, sich möglichst bald von seiner Herkunftsgemeinschaft zu trennen, ein Verhalten, das freilich durch die Mobilität der Industriegesellschaft stimuliert wird. Trennt man sich aber von der Gemeinschaft (wie immer diese auch beschaffen sein mag), so steht der Mensch allein – und allein kann er sich auf die Dauer nicht »aufrecht halten« – er überfordert sich selber. Er kann seine Haltung nicht mehr bewahren, er nimmt unwillkürlich eine falsche an, mit der er den Mangel an rechter korrigieren oder verstecken möchte. Er ist »an der Wurzel krank«. Überhaupt ist die heute zunehmende falsche Körperhaltung, so z.B. im Autositz, nur sekundär körperlicher Herkunft. Denn sie wird ausgelöst durch eine falsche innere Haltung. Wird aber eine solche nicht erkannt und korrigiert, d. h. geheilt, so sind die somatischen Heilversuche, jedenfalls auf die Dauer, vergebens. Denn von der Wurzel her werden lebenswidrige Kräfte und Haltungen immer erneut die Wirbelsäule und über deren Nerven den ganzen Körper und die Seele irritieren.

Auffallend ist heute die Zunahme der Kreuzschmerzen schon bei jungen Menschen. Man nennt sie Haltungsschäden – und gewiß sind sie das. Untersucht man aber deren Herkunft, so stößt man oft auf psychisch-soziale Probleme wie Rebellion um jeden Preis, Nichtachtung der

Väterlichkeit, triebhafte Hemmungslosigkeit, materialistische Lebensdeutung, Führungslosigkeit und ähnliches. Doch selbst wenn nicht psychische und geistige Fehlhaltungen Ursache solcher Schmerzen sind, so ist deren Wurzel ganz allgemein im Mißverhältnis zur Gemeinschaft zu suchen. Die Zeit ist wohl vorbei, in der man ehrlicherweise glauben durfte, man könne eine Krankheit »von einem Punkt aus« kurieren. Wir wissen heute, daß es sich bei der Heilung eines lokalen Gebrechens immer um die Heilung des ganzen Menschen handeln kann. Alles andere ist oberflächliche Symptombehandlung. Jedenfalls sind Schmerzen oder Erkrankungen des »unteren Kreuzes« deutliche Warnungen, die dort zentrierten somatischen und psychischen Kräfte nicht zu mißachten, sondern zu versuchen, sie in die Gesamtpersönlichkeit zu integrieren.
Es wurden zuerst die negativen Aspekte der Region des unteren Kreuzes erwähnt. Denn gerade sie zeigen die Wichtigkeit dieser Erdwurzel und die Notwendigkeit, mit dem unteren Kraftbereich (ein Begriff ohne negativen Akzent) im Einklang zu leben und diesen für den Aufbau der geistigen Welt zu nutzen. Denn hier »unten« ist der Bereich nicht nur der generativen Kräfte, sondern auch der Mütterlichkeit, der schöpferischen Antriebe, der archetypischen Gestalten. Wird aber die Übereinstimmung mit diesen Kräften versäumt, dann fehlt dem Menschen das Fundament. Er wird sich vielleicht für einen »geistigen Menschen« halten, aber er wird (wie die dieser Schrift beigegebene »Tafel der Fehlhaltungen« erweist), nur über eine abgespaltene Geistigkeit, der zur Umfassung der Wahrheit die Sinnenkraft fehlt, verfügen. Es gilt demnach, die Kräfte des unteren Kreuzes und des Beckens einerseits zu wecken, anderseits sie derart ins Ganze zu integrieren, daß keine Inflation durch sie erfolgen kann. Aber beide Typen sind heute ungemein häufig geworden: diejenigen, die ihre Erdwurzel verleugnen und darum eine kalte, tödliche Geistigkeit in die Welt entlassen (das sind die Systemmacher, die ganze Völker durch ihre streng logischen, aber

im Kern lügenhaften Systeme ins Unglück führen) – und anderseits diejenigen, welche diese Kräfte enthemmen und ausbeuten, so z. B. die Produzenten der weichen oder harten Pornographie, welche heute mit amtlicher Billigung die Völker des Westens überschwemmt.
Auch dies sei hier vorweggenommen: In der Praxis der Kreuzmeditation wird man stets vom Beckenraum und dem »unteren Kreuz« ausgehen und nach jeder Übung dorthin als zum Ruheort zurückkehren. Dadurch wird die Stauung oder Mißleitung fluidaler Kräfte verhindert.

Das obere Kreuz

Schon die Gestalt des »oberen Kreuzes« zeigt seine Gegensätzlichkeit zum unteren an. Das untere Kreuz ist gekennzeichnet durch seine Starrheit und Festigkeit als Basis des Rumpfes. Die Schale des Beckens ist von großer plastischer Schönheit und unveränderlicher Festigkeit (wenn nicht Krankheit diese zerstört); die Kreuzwirbel, die ins Becken ragen, sind zum Kreuzbein zusammengewachsen. Dies ist für diese Region notwendig und sinnvoll. Aber im Bereich des »oberen Kreuzes« herrscht (relative) Beweglichkeit und Freiheit. Wenn dem unteren Bereich symbolisch Erdigkeit und Dunkelheit zugeordnet sind, so dem oberen Licht und Luftigkeit. Hier wirkt sich die Beweglichkeit der Schulterblätter aus, die das Auslangen der Arme, das Ergreifen der sinnenhaften Welt und das Sichmitteilen möglich macht; von den obersten, in den Leib eingelagerten Wirbeln gehen Rippen aus, die sich im Atemrhythmus bewegen, und vollends die sieben Halswirbel – die einzigen, die dem Rumpf entstiegen sind – vermögen sich zum Überschauen der Umwelt und zur Kontaktnahme weitgehend zu drehen. Wenn für das »untere Kreuz« strenge Gebundenheit, das Gesetz, vorherrscht, so im oberen Kreuz Freiheit und Einsicht. Dem Erdpol des unteren Kreuzes steht polar der

Geistpol des oberen entgegen. Aber beide sind aufeinander bezogen: Vom Geistpol strahlt Erleuchtung zum Erdpol. Umgekehrt »ernährt« der untere den oberen, er stattet ihn mit Sinnenkräften und mit mütterlicher Wärme aus. Die Überlieferung deutet das Pneuma, den Geist, als warmen Wind. Aber »warm«, d.h. feurig, kann der Geist nur sein, wenn er von den Kräften der Mutterwelt durchwirkt wird, ohne von ihnen besessen zu sein.
Jedenfalls gibt die Beschaffenheit des oberen Kreuzes darüber Aufschluß, in welcher Weise das Individuum seinen Selbststand gestaltet. Hier wirken sich zudem die Sympathie und Antipathiekräfte aus und der Bezug zur Transzendenz, während im unteren Kreuz die Art der Immanenz, des Verhaftetseins an die Welt, zum Ausdruck gelangt. Welche Fülle von Bezügen intellektueller, geistiger und religiöser Art im oberen Kreuz repräsentiert wird, soll später bei der Beschreibung der Funktionen und der Gestaltsymbolik des Halses dargelegt werden. Daß im unteren Kreuz die sexuellen Kräfte ihren Ort haben, ist naheliegend anzunehmen. Daß aber im oberen Kreuz vor allem der Hals als Zeichen der Liebeskräfte zu finden ist, daß der Hals ein Liebesorgan darstellt, mag überraschen. Erkrankungen in der Region des oberen Kreuzes zeigen darum oft, je nachdem, Schädigungen entweder des Liebesvermögens oder der Handlungsfähigkeit an.

Der aufrechte Mensch

Zwei Kennzeichen unterscheiden insbesondere den Menschen von allen Säugetieren, denen er seiner biologischen Gattung nach zugehört: seine Sprache und seine aufrechte Haltung. Für beide Funktionen ist er bereits im Mutterleib ausgerüstet. Dennoch muß er diese Mitgift nach seiner Geburt erst sich durch Übung aneignen: Er muß das Sprechen und das Sichaufrichten lernen. Oder, wie Goethe diesen

Prozeß des Sichanverwandelns des Ererbten bezeichnet: »Was du ererbt von deinen Vätern (oder Müttern) hast, erwirb es, um es zu besitzen.« Der Mensch ist seiner Urgestalt nach als ein aufrechtes Wesen entworfen. Da aber jede reale Funktion zugleich auch einen Sinnzusammenhang repräsentiert, weist die aufrechte Haltung des Menschen auf sein unentwegtes Streben über sich hinaus. Der Mensch ist das einzige uns bekannte Lebewesen, das auf die Dauer kein Genüge an der Beschränkung in seinem Sosein findet, das danach strebt, sich selbst zu überwachsen, zu übersteigen. Was ist das Genie (in einer Hinsicht) anderes als ein Mensch, der es vermag, als Vor-Denker oder Vor-Gänger einen Schritt über den bisher erreichten Bewußtseinsstand, über die bisher mögliche Handlungsfähigkeit hinaus zu tun! Und da er damit der brennenden Sehnsucht nach dem größeren Leben, dem Wunschtraum der Menschheit, Erfüllung verspricht, wird er zum Dank für seine Tat heroisiert oder gar vergöttlicht. Der Turmbau zu Babel ist darum für alle Zeiten, trotz der biblischen Abwertung, ein legitimes Symbol für das dem Menschen eingeborene Streben, über seine aktuelle Befindlichkeit hinaus zu einem letzten Ziel der Vollendung zu gelangen. Da aber der Mensch alle seine Gaben durch eitle Selbstüberhebung auch mißbrauchen kann, ist es, um dies zu verhindern, notwendig, sein Streben zu heiligen, wie es auf ganz verschiedene Weisen und auf verschiedenen Rangstufen z.B. Jesus, Nietzsche, Teilhard de Chardin und andere vorgedacht, vorgelebt haben.

Instrument und zugleich Symbol dieses unendlichen Strebens des Menschen ist sein aufrechtes Rückgrat, das als flexibler Bogen zwischen das untere und das obere Kreuz gespannt ist.

Doch ist der Mensch durch den Bau seines Skelettes und inbesondere durch seine aufrechte Wirbelsäule nicht nur ein Aufrechter, sondern notgedrungen auch ein auf ein Ziel Gerichteter. Dies »Ziel« aber befindet sich nicht nur über ihm (»Richte dein Suchen höher hinauf!« – Augustinus), sondern auch vor ihm (»Der Mensch ist ein Seil, gespannt zwischen Tier und Übermensch« – Nietzsche). Denn da alle Sinnesorgane des Menschen sich auf der Vorderseite seines Leibes befinden, ist er durch diese nach vorne, auf das Kommende, auf Begegnung ausgerichtet. Der Mensch, das einzigartig aufrechte Wesen, wandert darum unaufhörlich seiner Zukunft entgegen – sowohl im Leben wie im Tode. Und wahrscheinlich ist er darum das einzige Lebewesen auf der Erde, das Zukunft hat, d. h. einem sinnerfüllten Ziele zustrebt.

Diese gestreckte, mental bis ins unendliche zu verlängernde Wirbelsäule ist durch die Kreuzwirbel im untern Kreuz, d.h. im Becken, verankert wie ein in die Erde eingewurzelter Baum. Hier befindet sich ihr Endpol, die Region der kollektiven Kräfte, der Triebkräfte, des noch nicht dem Bewußtsein Erschlossenen. Physiologisch treten in diesem Bereich jene Nervenpaare aus dem Rückgrat hervor, welche die Darm- und Geschlechtsfunktionen und die Motorik der Beine bestimmen. Diese untere, im Becken zentrierte Region hat vor allem tragende Funktion; sie bildet den festen Grund des ganzen Menschen. Denn hier befindet sich der Gesamtschwerpunkt des Leibes. Nur wenn Haltung und Bewegung aus diesem hervorgehen, können sie sich unverkrampft und harmonisch entfalten. Kleist hat in seinem Essay über das Marionettentheater darauf hingewiesen, daß nur die aus dem Körperschwerpunkt hergeleiteten Bewegungen sowohl harmonisch wie auch zweckentsprechend sind.

Das obere Kreuz aber, gebildet durch Wirbelsäule und Schultergürtel, das sich in den beweglichen Hals hinein verlängert, repräsentiert durch die Arme, welche den horizontalen Kreuzbalken bilden und zum Handeln befähigen, die Möglichkeit der freien Aktion, des Wählens und Entscheidens und damit des verantwortlichen Herrschens.

Jedoch sind beide Kreuze, so entgegengesetzt sie ihrem Sinn und ihrer Funktion nach auch sind, unaufhebbar aufeinander bezogen. Erst die Spannung von Triebpol (unteres

Kreuz) und Geistpol (oberes Kreuz) im Wechselspiel von Bindung und Freiheit macht den Menschen schöpferisch und verhilft ihm zur Entfaltung des in ihm Angelegten – aus dem durch die Geburt zutage tretenden Menschenentwurf kann durch das Instrument der aufrechten Haltung und deren psychisch-geistige Auswirkung der Mensch aufwachsen.
Das Aufrechtsein des Menschen verleiht ihm aber nicht nur die Überlegenheit über das Tier und über seine Umgebung, die er wie von einer erhöhten Warte zu überschauen vermag. Sein Aufrechtsein weist über ihn hinaus in die Transzendenz – sie ermöglicht ihm nicht nur seinen Stand inmitten der Welt, sondern befähigt ihn auch zum »Stehen« vor Gott. Dazu werden die Gläubigen im Gottesdienst der Orthodoxie durch den Priester aufgerufen: »Weisheit, stehe aufrecht!« Vor Gott soll der Mensch von aufrechter, aufrichtiger Wesensgestalt sein. Nur wenn er »aufrecht« ist, d.h. von lauterer, offener, unverstellter Art, wenn er sich auf die Mitte hin ausrichtet, übersteht er das Gericht.

Vom Verfall der aufrechten Haltung

Wenn der Mensch die aufrechte Haltung, d.h. die gerade aufsteigende Wirbelsäule, seit der Kinderzeit bewahrt hat oder zu ihr zurückfindet, dann befindet sich sein ganzer Körper in einem wenn auch labilen Gleichgewicht – er ruht und handelt aus dem Körperschwerpunkt. Dadurch gewinnt er den rechten Stand im Raum – und ebenso in sich selber. Denn in der gleichen Weise, in der der Mensch im Raume steht, verhält er sich auch zu sich selber: Die Haltung ist der vollkommenste Ausdruck der Gesamtverfassung eines Menschen. Darum wirken sich Abweichungen von der aufrechten Wirbelsäule negativ auf alle Körperverhältnisse aus. Sie bewirken abnorme Belastung

fast sämtlicher Körpergelenke, Verspannungen der Muskulatur, Störungen der Zirkulation, rheumatische Erkrankungen, Neuralgien und durch die dann zunehmende Funktionsschwäche des Bewegungsapparates geringe Durchblutung der inneren Organe. Es ist bekannt, daß pathologische Veränderungen der geraden Haltung der Wirbelsäule Mitursache vieler Krankheiten sind. Jedoch ist die Wirkung »falscher Haltung« keinesfalls nur auf die Wirbelsäule beschränkt, sondern hat Konsequenzen für das gesamte Körpergeschehen.
Seit etwa der Jahrhundertwende ist fortschreitend ein Verfall der geraden Haltung in Europa festzustellen. Ursache dieser »Fehlhaltung« sind die zunehmende Verstädterung, das Autofahren, ungemäße Sitzmöbel in der Schule und im Büro, aber auch innere Haltlosigkeit, die sich dokumentiert in der sprunghaften Zunahme des Alkohol-, Kaffee- und Drogenverbrauchs und in der Entgrenzung der Sexualität. Darum sind es eben psychische Ursachen, durch welche innere Haltlosigkeit und äußere falsche Haltung stimuliert werden: das Zerbrechen des bisher relativ einheitlichen Weltbildes, die Minderung der bindenden Kraft der Religion, der Familie und der Sitte. Die Praxis der Kreuzmeditation geht auf diese mutmaßlichen Ursachen nicht ein, vielmehr unternimmt sie es, die »falsche Haltung« durch die Imagination des Kreuzes zu überwinden und über die Veränderung des körperlichen Zustandes auch auf die psychische Haltung einzuwirken.

Die Vollendung des Körperkreuzes – der Hals

Das obere Kreuz und damit die gesamte Kreuzgestalt des Menschen wird vollendet durch den Hals, den einzigen Abschnitt der Wirbelsäule, der aus dem Rumpf hervortretend ins »Freie« ragt. Der Hals ist die schmalste, engste Stelle des ganzen Leibes – in ihm sind so viele Funktionen zusammengedrängt, daß er als Organ und nicht nur als Glied bezeichnet werden kann. Die »Mittelsäule« des Halses wird durch die sieben Halswirbel gebildet. Allen Säugetieren ist, mit seltenen Ausnahmen (Seekühe, Faultiere), diese Siebenzahl eigen, selbst der Giraffe, bei der jeder der sieben Wirbel allerdings eine beträchtliche Länge erreicht. Die beiden oberen Halswirbel sind zu Trägern des Kopfes ausgebildet. Die wichtigste Funktion dieser Halswirbel ist, daß sie durch die Anordnung ihrer Gelenkflächen weitaus beweglicher sind als die Wirbel im Rumpf. Durch diese Beweglichkeit wird der denkbar größte Gegensatz geschaffen zu dem durch die miteinander verschmolzenen Kreuz- und Steißbeinwirbel gebildeten unteren Kreuz, für welches Starre kennzeichnend ist. Die Beweglichkeit der Halswirbelsäule ermöglicht es, den Kopf frei nach allen Seiten zu drehen, wodurch der Mensch fähig wird, den Kontakt mit der Umwelt aufzunehmen. Vom Hals her ist ihm – wenn auch relative – freie Wahl gewährt: Der Mensch kann sich seiner Umgebung oder dem Nächsten zu- oder von ihnen abwenden – Empfindungen und Willensimpulse, die jeweils deutlich im Neigungswinkel des Halses zum Ausdruck gelangen und seine Ab- und Zuneigung plastisch sichtbar machen. Denn der Hals ist von einer so nuancierten Ausdruckskraft wie, ausgenommen die Hände, kein anderes Glied des Körpers.

Die Haltung des Halses ist zudem bestimmend für die Haltung des Kopfes: ob z. B. der Kopf selbstsicher hoch getragen oder introvertiert gesenkt wird, ob er sich in der Mittellinie befindet oder mehr nach einer Seite geneigt ist, d.h. in welcher Weise die Umwelt wahrgenommen und wie der Kontakt mit ihr aufgenommen wird. Allerdings hängt von der »Haltung« des Halses nicht nur die Stellung des Kopfes zum Rumpfe, sondern auch die richtige Funktion der Arme ab, ob sie frei beweglich oder in der Bewegung gehemmt sind (z.B. im Schreibkrampf). Die Haltung des Halses wirkt sich demnach sowohl vertikal wie horizontal, d.h. kreuzförmig, aus.

Doch nicht nur durch Knochen wird der Hals bzw. der Kopf mit dem Rumpf verbunden, sondern auch noch durch weitere Funktionssysteme: das Atemsystem mit Schlund, Kehlkopf und Luftröhre, wobei durch den Kehlkopf die Stimmbildung und Artikulation erfolgt als ein weiteres Mittel der Kontaktnahme mit der Umwelt. Ebenso verläuft die Speiseröhre, welche den ganzen Leib mit Nährstoffen versorgt, durch den Hals. Die Blutversorgung des Kopfes und des Gehirns erfolgt einzig durch die Halsschlagadern und Halsvenen. Von den innersekretorischen Drüsen des Halses steuert die Schilddrüse den Rhythmus des Stoffwechselgeschehens, während die Nebenschilddrüse auf die nervösen Erregungen der Muskulatur wirkt. Eine Reihe Nervenbahnen, sowohl dem peripheren wie dem vegetativen Nervensystem zugehörig, durchzieht das Halsmark; sie wirken sich sowohl in bestimmten Teilen des Kopfes wie bis ins Zwerchfell aus. Diese Bündelung verschiedenartiger Funktionen (und deren Organe) im Hals ist innerhalb der Körperorganisation einzigartig und verleiht dem Hals eine Ausnahmestellung unter allen Körperteilen, woraus sich die Einsicht ergibt: Der Hals vertritt den ganzen Körper – wie der Hals, so der Mensch. Eine solche Aussage ist schon deshalb möglich, weil der Hals typologisch und charakterologisch ungemein expressiv ist. Der Astheniker hat meist einen schmalen, sehnigen, der Pykniker einen breiten, muskulösen Hals usw. Der Typus und darüber hinaus die Art der Lebenshaltung läßt sich darum am Hals »ablesen«. Der Hals ist demnach schon nach Bau und Funktion ein Organ der Vermittlung – er transponiert das Unbewußte ins Bewußte, das Untere nach oben, das Innere nach außen.
Wie es sich mit dem Hals verhält, für welche psychischen Vorgänge er Symbol ist, was sich alles durch seine Zuständlichkeit enthüllt – darüber gibt die Sprache von alters her oft verblüffende Aufschlüsse. Wer den Kopf oben behält oder hoch trägt (d.h. wer den Hals streckt), der steht über den Verhältnissen. Umgekehrt kann einer sich zuviel auf

den Hals laden, so daß er sich übernimmt und es bei ihm um Kopf und Kragen geht. Gegen Widerwärtiges muß man den Hals steifhalten und hart-näckig seinen Standort verteidigen. Allerdings kann es bei zu geringer Flexibilität zu Halsstarrigkeit kommen, die wiederum die Geisteshaltung des Fanatismus auslöst. Ein einsichtiger Mensch hingegen wird zur rechten Zeit den Nacken beugen, d.h. sich freiwillig einem Höheren unterwerfen. Vermag er dies aber nicht, so kann es sein, daß ihm der Nacken gebrochen wird. Neugierde kommt zum Ausdruck in der Formel: den Hals recken oder lang machen.

Wer sich mit sich oder der Welt in Einklang befindet, singt gerne aus voller Kehle, wer aber vom Übergewicht der Verhältnisse bedrückt wird, dem ist oft der Hals wie zugeschnürt, oder die Rede bleibt ihm im Hals stecken. Weil man nicht schlucken kann oder will, wozu man genötigt wird, hängt einem vielleicht alles zum Hals heraus, und man muß sehen, wie man das Unangenehme sich vom Hals schafft.

Ist aber ein Mensch »halsstarrig«, dann werden sich die Muskeln des oberen Kreuzes dauernd in falscher Spannung befinden, wodurch verschiedenartige Krankheitszustände ausgelöst werden, die, weil sie entferntere Körperteile oder Organe betreffen, fürs erste nicht auf die wirkliche Ursache der Halsstarrigkeit zurückgeführt werden. Das obere Kreuz hat sich dann gleichsam verselbständigt und steht nicht mehr in Verbindung mit dem gesamten Kreuzsystem des Körpers.

Eine andere, aus Angst oder Abwehr veranlaßte Verfehlung des Kreuzes ist die sogenannte Imponierhaltung, durch welche gewisse höhere Tiere versuchen, ein ihnen gefährlich erscheinendes Gegenüber abzuschrecken. Diese Imponierhaltung wird auch von Menschen, vor allem von Männern eingenommen. Unbewußt reagieren diese damit auf intellektuell oder physisch überlegene Gegner: Die Muskeln werden angespannt, der Hals schroff aufgerichtet und versteift, die Schultern hochgezogen, die Ellenbogen wie ein Schild ausgestellt und die Brust unmäßig vorgewölbt. Während aber im Angstzustand und in der Imponierhaltung der Oberkörper und das obere Kreuz verspannt werden, lösen sich in der Liebesbeziehung vorhandene Spannungen. Die Liebenden umhalsen sich als Zeichen der Hingabe und des Vertrauens – zärtliche Berührung beim Kind wie beim Erwachsenen bringt die Teile des Kreuzes in harmonischen Kontakt zueinander.

Merkwürdigerweise sind es zwei einander entgegengesetzte Lebenssphären, die ihren Ausdruck in der Halsregion finden: der Eros einerseits und der Logos anderseits. Denn die Erfahrung lehrt, daß der Hals gleichsam ein Liebesorgan ist. Die alte kosmische Körpersymbolik weiß nämlich, daß die Halsregion dem Tierkreiszeichen Stier, das von der Venus beherrscht wird, zugeordnet ist, wie das untere Kreuz der Beckenregion dem von Mars beherrschten Tierkreiszeichen Skorpion entspricht. »Stier« hat mit der blühenden Lebensfreude, mit dem Ja zum Dasein, wie es ist, und mit der Verehrung des Schönen und des Höheren zu tun. »Skorpion« hingegen mit seinem Stachel steht für die Geschlechtskraft und für den psychischen und physischen Wandlungsprozeß in der Tiefe des Wesens. Auch in dieser Hinsicht ergibt sich die Entsprechung der Gegensätze von unterem und oberem Kreuz.

Die Volksweisheit hat in dieser Hinsicht alte kollektive Erfahrungen bewahrt. Wenn jemand an Angina erkrankt, so heißt es im Volk, dies käme daher, daß er sich nicht genug geliebt fühle. Der Begriff Angina aber, die fiebrige Halsschwellung, leitet sich her von Enge. Der Hals ist, wie schon erwähnt, der engste Teil des Körpers. Eine weitere Verengung durch Schwellung ist daher nicht nur qualvoll, sondern unter Umständen lebensbedrohend. Die Liebesverfassung entspannt die Muskeln, erweitert die Gefäße, schafft Luft und Freude. Aber der Mangel an Liebe führt zu Verkrampfung und Verengung der Gefäße und Atemwege – er bewirkt die Enge. Dies Wort hat aber eine gemeinsame Wurzel mit Angst, d. h., der Liebeleere entbindet Existenzangst. Darum gehört es zur Wirkung der Meditation des oberen Kreuzes (und damit des Halses), Angst aufzulösen in Vertrauen und Gelassenheit.

Anderseits ist die Halsregion der Ort des sich offenbarenden Logos oder auch der lichten Verstandeskräfte. Allerdings kommen in dieser Hinsicht an Rück- und Vorderseite des Halses verschiedene Aspekte zum Ausdruck. So war der Freund Goethes, der Arzt, Landschaftsmaler und Verfasser einer heute noch bedeutsamen »Symbolik der menschlichen Gestalt«, C. G. Carus, davon überzeugt, daß »am Hals die Rückseite, der sogenannte Nacken, mehr für die Art des geistigen, die Vorderseite mehr für die des leiblichen Lebens bedeutungsvoll erscheint«. Der Böhmeschüler und Theosoph Gichtel zeigte in Schaubildern seines Buches »Theosophia praktica« (1696), daß die Vorderseite des Halses die Ratio, seine Rückseite die Sophia, die Weisheit, repräsentiert. Dies ist durchaus nachvollziehbar – im Innern der Vorderseite wird das Wort artikuliert, d. h. geboren, während die Rückseite ein empfindlich reagierendes Lebenszentrum umfängt. Bekannt ist der Vorgang: Blickt man auf der Straße einem Unbekannten zentriert auf den Nacken, so spürt er dies wie eine Berührung und wird sich in Abwehr meistens umwenden.

Jedenfalls scheint es sich so zu verhalten, daß im oder am Hals die durch das Rückgrat von tief unten aufsteigenden Kräfte bewußt werden, sich konzentrieren und durch die Vibration des tönenden Wortes oder durch feinstoffliche Strahlung der Umwelt mitteilen.

Dritter Teil
Aus der Praxis der Kreuzmeditation

Gemeinsames und Unterscheidendes

Da alle Meditationsmethoden von Menschen für Menschen entwickelt wurden, müssen ihre Grundlagen trotz offensichtlicher Unterschiede gewisse Gemeinsamkeiten aufweisen. Als solche sind zu nennen: die Forderung einer für das Vorhaben geeigneten Umgebung, neutraler geräuscharmer Räume ohne störende Möbel und Wandschmuck, möglichst indirekter Beleuchtung; mäßiger Nahrung oder sogar zeitweisen Fastens. Die Übungen aller »Stile« beginnen und enden im Schweigen und in bewußter, leibgemäßer Haltung. Weiterhin ist ihnen gemeinsam die Notwendigkeit der »Entspannung« der Muskeln und Organe, die Regulierung des Atems, sei es durch dafür geeignete Übungen oder als Folge richtig durchgeführter Meditation, die allmähliche Ausschaltung des flirrenden Tagesbewußtseins, ohne in Träumerei oder Trance zu verfallen, und die Auflösung eingefahrener Gewohnheiten. Mehr oder weniger modifiziert, wird jedes Meditationssystem auf die Realisierung dieser Voraussetzungen dringen, wobei unter Umständen die eine oder andere mehr betont wird.

Doch sobald der Mensch sich dem Grund der Meditation annähert, zeigen sich unwillkürlich die oft weitreichenden Unterschiede der Methoden. Diese sind durch das Ziel des jeweiligen Meditationsweges bedingt. Denn das Ziel prägt die Art des Weges. Und die Ziele der Methoden sind äußerst verschieden. Die indischen Meditationsmethoden haben auf Grund ihrer Gottesvorstellungen und ihres Weltbildes ein anderes Ziel als die chinesischen und japanischen oder die christlichen. In der ersten Phase der Übungen scheint es noch, als seien die vielfältigen Wege zu einem einzigen zusammengebündelt. Doch dieses Bündel fällt auseinander, sobald die Eigenarten des jeweiligen Weges hervortreten. Dann divergieren spürbar die einzelnen Strebungen.

Es ist jedoch trotz dieses Sachverhaltes, den ernsthafte Kenner zugestehen, heute Mode geworden – und zwar durch die im Abendland tätigen Meditationslehrer und -theoretiker veranlaßt –, diese schon seit Jahrhunderten, ja z. T. seit Jahrtausenden bestehenden wesenhaften und nicht nur historischen Unterschiede der geistigen Zielsetzungen zu verwischen oder sie für unerheblich zu erklären. Dadurch ist große Verwirrung unter den Suchenden angerichtet worden.

Diese offensichtliche Gemeinsamkeit in der Anfangsphase aller Meditationsmethoden ist auch in der ersten Phase der Kreuzmeditation festzustellen. Es handelt sich um drei Grundbedingungen: stille, unverstörte Umgebung, Sammlung im Schweigen, gemäße aufrechte Haltung als Voraussetzung des Zusichselberkommens.

Die Haltung

Die meisten asiatischen Meditationsmethoden fordern von den Übenden die aufrechte Sitzhaltung am Boden, sei es den Lotos- oder den Diamantsitz, oder deren Abwandlungen. Diesem »Sitzen« wird eine den Verlauf der Meditation ungemein fördernde Wirkung zugeschrieben. Die östlichen Meister sind davon überzeugt, daß bereits durch den Kontakt mit dem tragenden Grund (der Erde) Sammlung der Gedanken und innere Ruhe erreicht werden könnten. Im Zen-Buddhismus werden das »Sitzen« und die Meditation nicht unterschieden: das Zen-Sitzen ist die Sache selber. Jedoch die aus abendländischen Wurzeln hervorgegangene Kreuzmeditation hält den asiatischen Meditationssitz auf dem Boden nicht für notwendig. In ihrer

Sicht ist das Sitzen auf dem Stuhl gemäßer. Und dies aus folgenden Gründen.

Das Sitzen auf dem Boden ist in fast ganz Asien im Alltag üblich – dies mag sich noch von einer archaischen Phase der Kulturen asiatischer Völker herleiten. Man hatte und brauchte in der Frühzeit keine Stühle – man lagerte auf der Erde, nahe dem Feuer, den Speisen, den Geräten – wie man dies auch heute noch (auf den Fersen hockend) weithin in Japan praktiziert. Nun aber werden im Kult des Göttlichen die profanen Sitten und Haltungen sakralisiert und dadurch auch tabuisiert. Aus den profanen Gebärden werden sakrale – sie werden als notwendig erachtet für den Umgang mit der Gottheit oder den transzendenten Mächten. Indem diese Gebärden und Haltungen hypostasiert werden, werden sie auch den Gottheiten zugeschrieben: Buddha wird mit wenigen Ausnahmen im Lotossitz auf der Erde sitzend dargestellt; diese Haltung wurde jahrtausendelang in Asien geübt; neuerdings ist sie als Ausdruck asiatischer Heilserwartung nach Europa gelangt und wird hier eifrig nachgeahmt, ohne daß ihr eigentlicher Sinn beachtet wird.

Anders jedoch ist die Entwicklung in Europa vor sich gegangen. Denn abgesehen von den Höhlen- und Zeltbewohnern der Frühzeit und später noch am Lagerfeuer ist das alltägliche oder rituelle Hocken auf der Erde nie üblich gewesen. Im christlichen Europa saß man sowohl im Alltag wie in der Kirche und bei religiösen Übungen stets auf Stühlen – das Chorgestühl ist ein typisches Beispiel der Sakralisierung dieser Art zu sitzen. Oder aber die Gläubigen stehen – so noch heute im Bereich der orthodoxen Ostkirche. Jedoch wird Christus in seiner Erhöhung nicht stehend, sondern sitzend »zur Rechten des Vaters« vor- und dargestellt. Das Sitzen auf dem Stuhl ist ein Ausdruck der europäischen Lebens- und Geisteshaltung. Der Stuhl aber ist ein Symbol des Erhobenseins. Der auf dem Stuhle Sitzende hat Abstand zur mütterlichen Erde – er schwebt gleichsam zwischen der unteren Mutter- und der oberen

Vatersphäre. Gewiß sitzt in Ostasien der Fürst auf einem Thronstuhl – in Europa jedoch ist der Stuhl für jedermann bestimmt, vor allem für den freien Mann. In dieser Weise vermag er seine Umgebung zu überblicken und sie im Bewußtsein zusammenfassend zu verantworten.

Darum ist sowohl das asiatische Sitzen auf dem Boden wie das europäische auf dem Stuhl keinesfalls willkürlich, sondern tief in der Geistigkeit der östlichen und der westlichen Kulturentwicklung begründet. Es ist deshab weder den Asiaten die Übernahme des europäischen Sitzens noch den Europäern die Adaptierung der asiatischen Sitzhaltung zu empfehlen, wahrscheinlich werden sonst beide in ihrer Nerven- und Seelenstruktur auf die Dauer Schaden erleiden – denn sie werden auf diese Weise der Willkür ausgeliefert.

Es ist darum für die Durchführung der Kreuzmeditation am sinnvollsten und angemessensten, sich bewußt auf das Sitzen auf dem Stuhl einzulassen, abgesehen von Übungen, die das Liegen oder Stehen erfordern. Freilich sollte jeweils am Ende einer im Sitzen durchgeführten Übung der Kreuzmeditation der durch das doppelte Abknicken in der Gegend des Beckens und der Knie gehemmte Blutkreislauf wieder stimuliert werden (was ebenso für die Sitzhaltung auf der Erde gilt), sei es durch Dehnen und Strekken, sei es durch das den ganzen Körper in Vibration versetzende Wippen der Fußsohlen.

Der hierfür gebrauchte Stuhl soll ungepolstert und hart sein, möglichst ohne Lehne – denn die notwendige aufrechte Haltung soll nicht durch Anlehnen, also passiv, sondern durch innere Aufrichtung erreicht werden. Der Übende sitzt auf dem vorderen Teil der Sitzfläche, so daß die Oberschenkel, die über die Sitzfläche hinausragen, leicht nach unten geneigt sind. Die Füße sind im Abstand der Sitzbeinhöcker parallel zueinander gestellt – die ganze Fußsohle ist in intensivem Kontakt mit dem Boden.

Die wichtigste Folge der angestrebten Sitzhaltung ist die Verlagerung des gesamten Körperschwerpunktes in den

Beckenraum und in das Gesäß. Dieses sollte schwer und lastend auf der Sitzfläche des Stuhls aufruhen. Dadurch wird der Beckenraum nicht nur als Kraftzentrum erfahren, sondern auch real als ein Ort des Umschlags der Kräfte von unten und oben, die sich hier treffen und die wiederum von hier ausstrahlen. Gelingt es, den Schwerpunkt derart nach unten zu senken, dann ergibt sich fast unwillkürlich eine zwanglose aufrechte Haltung der Wirbelsäule, die sich in den Halswirbeln fortsetzt und bewirkt, daß der Kopf wirklich als Bekrönung des vielfältigen Aufbaus des Rumpfes thront. Nach der Senkung des Schwerpunktes ist das gestreckte, aufrechte Rückgrat die wichtigste, ja unerläßliche Voraussetzung für das Gelingen der Meditation.

Die Hände liegen gelassen, mit den Handflächen nach unten, auf den Oberschenkeln. Gewiß wären auch andere Handhaltungen möglich. Die Mudras der hinduistischen und buddhistischen Heiligengestalten zeigen eine Vielfalt symbolisch determinierter Handhaltungen. Die für die Kreuzmeditation gewählte ist zwar keinesfalls dogmatisch nötigend, jedoch hat es sich erwiesen, daß diese Handhaltung zweckentsprechend, in keiner Weise anstrengend oder ablenkend und darum hilfreich ist.

Die »Lösung«

Hat der Übende die »rechte Haltung« eingenommen, so folgt der dritte vorbereitende Akt. Man hat diesen bisher »Entspannung« genannt. Aber es handelt sich keineswegs um solche, nicht um bloßes Weichmachen der Glieder und Muskeln und nicht nur um die Entkrampfung der Sehnen und Nervenzentren. Vielmehr ist es zutreffender, diesen dritten Akt der Vorbereitung »Lösung« zu nennen. Denn es sollen die durch eingeschliffene Gewohnheiten, durch psychische Traumen, durch Lebensangst oder durch krampfhafte Flucht in die Arbeit hervorgerufenen Spannungen aufgelöst werden, wodurch das grundlegende harmonische

Spannungsverhältnis der einzelnen Glieder und Organe, der einzelnen Knochen zueinander, das durch die falschen Spannungen gestört war, erneut in lebensfördernden Bezug gebracht wird.

Im Grunde beruht der Vorgang der Lösung auf einer Stimulierung des Bewußtseins. Denn der Übende durchforscht seinen ganzen Körper nach dem Vorhandensein lebenshemmender Spannungen, beginnend bei der Kopfhaut. Liegt sie locker gespannt über dem Schädel? Er befragt ebenso seine Stirn, ob sie gerunzelt oder glatt ist. Auch die Augenlider können verkrampft sein – dann bedürfen sie der Lösung. Die Wangen sollen »herabfallen« in gelöstem Zustand, die Lippen locker, ohne gepreßt zu werden, aufeinanderliegen. Von größter Wichtigkeit ist die Lösung der Zunge, ein Vorgang, der im Laufe der Meditation öfter wiederholt werden muß. Sie soll nicht am Gaumen kleben, sondern in der Schale des Unterkiefers ruhig liegen. Fortgeschrittene können sich auch an die Lösung des weichen Gaumens wagen – durch diesen vermag man unmittelbar auf das Spannungsgleichgewicht des Gehirns zu wirken. Spannungsverhärtungen der Halsmuskeln zeigen zumeist Abwehr und Widerstand gegen den Kontakt mit dem Du an. Dadurch wird die Mittlerfunktion des Halses zwischen den Kräften des Rumpfes und des Kopfes vereitelt. Auch hier ist Lösung dringend geboten. Dasselbe gilt auch in bezug auf die Schultern. Bei fast allen heutigen Menschen sind diese auf bedenkliche Weise verspannt, was sowohl zu Störungen im Kopfe (des Vordenkens), wie der Arme und Hände (des Handelns) führt. Auch während der Meditation müssen die Schultern immer wieder kontrolliert werden, damit nicht durch falsche Spannung ein Querriegel zwischen dem unteren und dem oberen Bereich des Leibes entsteht, was eine Kommunikation der Gegenkräfte verhindern würde.

Auch die Brust muß nach krankmachenden Spannungen durchforscht werden; durch deren Lösung wird der Herz- und Atemraum »befreit« und harmonisiert. Das gleiche gilt für die Region des oberen Bauches und des dort befindlichen Sonnengeflechts, dessen Verspannung zu einer Fülle oft nur schwierig zu diagnostizierender Leiden führt, und ebenso für den unteren Bauch. Den Beckenraum von seinen Verkrampfungen zu lösen erfordert Geduld, und doch hängt viel von dem Gelingen ab – denn hier ist das »Sammelbecken« der noch ungeschiedenen Lebens- und Triebkräfte. Ebenso sollen die Ober- und Unterschenkel gelöst werden, und nicht minder die Füße. Oft verbleibt zuletzt heimliche Spannung in den Zehen und, sind diese gelöst, so bleibt unter Umständen noch die große Zehe gespannt. Ist nun der ganze Leib vom Kopf bis zu den Zehen gelöst, ein Zustand, den herbeizuführen unter Umständen nicht gleich beim ersten Versuch gelingt, dann fragen wir uns selber, wie dies Alice Scharchuch angeregt hat: »Wie befindest du dich?« Diese bescheidene, scheinbar banale Frage ist von größter Wirkung; denn der Körper reagiert in jedem Fall auf Fragen, die wir an ihn richten, er gibt seinen Zustand preis, mag er nun freudig, betrübt, gehemmt, pessimistisch oder harmonisch bzw. disharmonisch gestimmt sein. Und nicht nur das: Durch diese »harmlose« Frage verändert sich sein Zustand und sein Selbstgefühl. Diese Frage beruhigt, entlastet und harmonisiert den Körper (an dessen Zustand die Seele jederzeit wesentlich Anteil hat): ein schlichtes und wirksames Mittel auch für den Alltag, um seine schmerzhaften Spannungen zu überwinden, während der Arbeit, während Verhandlungen und Anstrengungen. Erst wenn der ganze Mensch in den Zustand der Gelöstheit versetzt und mit dem Bewußtsein konfrontiert worden ist, kann die eigentliche Meditationsarbeit beginnen.

Das Schweigen

Doch bevor diese beginnt, soll der Meditierende sich im Schweigen zur Ruhe und zum Einklang mit sich selber bereiten. Zudem wird er sich im Schweigen in untergründiger Weise selbst erfahren, wie es sonst kaum möglich ist. Jede Meditation beginnt und schließt mit Schweigen. Im Schweigen scheidet sich der Meditierende von den exzentrischen Mächten der Außenwelt. Im Schweigen ist die Zeit überschritten – da öffnet sich raumloser Raum, die Dimension der Zeitlosigkeit. Denn Schweigen ist kein bloßes Verstummen, keine bloße Negation und kein Verzicht. Wir beginnen im Schweigen jene innere Sammlung, die in das Erblühen der Stille mündet. Es bedarf wiederholter Übung, um sich seiner vergänglichen Weltgestalt zu begeben, auf daß die bleibende Wesensgestalt hervortrete.

Das Schweigen ist einesteils Einleitung zur Meditation und Mittel zum Stillewerden, damit die Stimmen der Tiefe und der Höhe allmählich vernehmbar werden. Andernteils ist das Schweigen schon selber Therapie, welche die Verletzungen der Seele zu heilen vermag. Allerdings begegnen wir auf der Schwelle vom Lauten zum Schweigen auch Versuchungen. Sobald wir uns in die Kammer des Schweigens begeben, suchen sich in diese die Gedanken, Ängste und Wünsche »lärmend« mit einzudrängen. Die Lebens- und Tagesprobleme, zuvor oft willentlich zurückgedrängt, werden sich nun mit Macht melden. Es bedarf der Geduld, um diesen »Lärm« zu stillen und um nicht mehr auf die aus dem Körper und dem Unbewußten aufsteigenden Reizungen zu reagieren. Doch erst wenn dies geleistet ist, beginnt der Mensch »bei sich selber« anzulangen. Ein solches Schweigen mit sich selber wird zur Vorstufe zielgerichteter Meditation werden. Denn diese ist niemals ziellos, sie ereignet sich nicht im Grenzenlosen, sondern, wenn auch ohne das Drängen des Willens, im Strömen der Seele zu einem Ziel, in dem die Sehnsucht gestillt und der Friede erfahren wird.

Zweckmäßig beginnt man zu Anfang der Meditationsübungen mit einer kurzen Schweigezeit von etwa fünf Minuten und dehnt diese von Mal zu Mal länger, z. B. bis auf zwanzig Minuten aus. Wenn die Übenden wirklich ins

Schweigen eingehen, werden sie kein Empfinden für die Dauer der Schweigezeit haben – und gerade diese »Empfindungslosigkeit« ist ein Zeichen für die Echtheit des Schweigens. Das Zurückrufen der Schweigenden geschieht am besten mit Hilfe einer zuerst leise, dann stärker angeschlagenen Glocke, oder besser noch durch einen behutsam tönenden Gong mit seinen schwingenden Klängen.

Begleitende Übungen

Die einzelnen Phasen und Stufen der Kreuzmeditation werden, nachdem der Übende immer erneut die »rechte Haltung« eingenommen und im Schweigen sich gesammelt und gereinigt hat, durch leibliche Übungen am Boden liegend eingeleitet. Sie dienen zur Lockerung und Bewußtwerdung des Knochengefüges – und damit des ganzen Menschen. Denn gemäß dem der Kreuzmeditation zugrunde liegenden Verständnis des Menschen ist dieser nicht in die Gegensätze von Leib und Seele zu scheiden. Vielmehr bilden beide eine voneinander unlösbare Einheit, die vom Bewußtsein der Gesamtexistenz überwölbt wird. Darum ist eigentlich die Bezeichnung »leibliche Übungen« nicht ganz zutreffend – es handelt sich vielmehr um Übungen, die den ganzen Menschen in all seinen Dimensionen aufrufen und wandeln. Sie wurden nicht eigens für die Kreuzmeditation neu konzipiert, sondern es ist eine Auslese aus schon bekannten verschiedener Herkunft. Sie ließen sich auch durch andere von ähnlicher Wirksamkeit ersetzen. Doch wäre dies nicht sinnvoll, weil die getroffene Auswahl genau auf die Realisierung der Kreuzmeditation abgestimmt ist. Um aber den Aufbau der Kreuzmeditation nicht zu belasten, werden die sogenannten »begleitenden leiblichen Übungen« erst im Anhang beschrieben.

Bewußtsein und Einfühlung

Es ist erstaunlich, daß, wie man im Alltag wie bei Übungen beobachten kann, das Bewußtsein, oder genauer die Bewußtwerdung, die körperliche und seelische Befindlichkeit des Menschen bestimmt. Ein Beispiel hierfür, wenn auch ein fragwürdiges, ist die Autosuggestion (und von dieser hergeleitet das autogene Training). Bloße Vorstellungen und Bewußtseinsimpulse vermögen da den Menschen ins Freudige oder Gelassene umzustimmen, sie vermögen Wärme-, Kälte- oder Schwereempfindungen herbeizuführen – kurzum, das Verhältnis des Menschen zu sich selbst und zu seiner Umwelt zu verändern. Und doch ist dies eine gefährliche Methode. Denn durch die Suggestion wird das Wesen des Menschen nicht erreicht – es wird gleichsam nur überblendet, der Zustand und der Rhythmus werden nicht vom Kerne her gewandelt. Gewiß, Bewußtwerdung ist notwendig, nur durch diese vermögen wir uns selber zu erkennen und über uns zu verfügen. Zudem verändert die Bewußtwerdung sowohl die Muskelspannungen, den Rhythmus des Blutkreislaufs wie die Vibration der Nerven. Im Augenblick, wo wir den Scheinwerfer des Bewußtseins auf einen seelischen oder körperlichen Vorgang richten, beginnt sich dieser zu verändern – er wird sich anders entfalten, als wenn er unbeachtet geblieben wäre [13]. Diese Erfahrung zeigt an, daß das Bewußtsein die leiblich-seelischen Vorgänge gleichsam als Oberstimme steuert und daß, wenn die Bewußtseinskraft zu gering ist, Fehlsteuerungen aus dem Unbewußten oder dem vegetativen Nervensystem erfolgen können.

Doch das Bewußtsein bedarf gleichsam des Materials, um zu wirken, und dies wird ihm mitgeteilt durch die Einfühlung. Bloßes Urteilen oder Wünschen verdeckt die wirklichen Vorgänge. Nur durch voraussetzungslose Einfühlung und durch sorgsames Hinhorchen wird die Befindlichkeit von Leib und Seele und das, was ist, erfahren. Einfühlung bedeutet darum nicht, sich Vorstellungen von

etwas zu machen, sondern im Gegenteil, sich aller Vorstellungen zu enthalten, damit der lebendige Prozeß sich selber ansagt.
Auf die Methode der Kreuzmeditation bezogen würde dies bedeuten: der Meditierende hat den Auftrag, sich in sein Knochengerüst einzufühlen – es wirklich zu fühlen und es nicht nur zu haben. Alle Übungen der Kreuzmeditation erfordern die Einfühlung und über diese die Bewußtwerdung der jeweiligen Knochen. So ist es z. B. eine Grunderfahrung der Eutonie von Gerda Alexander, daß die meisten Menschen zwar unter Umständen intellektuell um ihre Knochen oder ihre Gesamtgestalt wissen, daß sie aber diese nicht zu fühlen vermögen, d. h., daß sie über kein Bewußtsein von den wirklichen Verhältnissen ihres Körpers verfügen. Aber die Knochenkreuze sind nur dann zu realisieren, und es ist nur dann möglich, auf diese verändernd und heilend einzuwirken, wenn sie wirklich erfühlt werden, wenn die Beschäftigung mit ihnen ohne vorgefaßte Vorstellung von sorgsamer Einfühlung begleitet wird. Dies hat Gültigkeit für alle Übungen, die sich mit den Knochen beschäftigen. Ohne Einfühlung in die Knochen wird auch die Kreuzmeditation zu einer herkömmlichen Gymnastik oder zu einem autosuggestiven Verfahren ohne tiefer reichende psychische Wirkung. Darum müssen die Übungen immer wieder durch das Sicheinfühlen begleitet werden. Ohne dieses kann es nicht zu einer fruchtbaren Umstimmung kommen.

Erste Grundübung im Sitzen

Voraussetzung ist, wie schon erwähnt, ein geeigneter harter Stuhl, der die angegebene Haltung der Schenkel ermöglicht. Wir sind »gelöst« – wie bereits angegeben – und nehmen die Grund-Sitzstellung ein, die Hände flach auf den Schenkeln. Der Schwerpunkt des Körpers ist im Bek-

ken und im Gesäß – wir sitzen schwer und spüren unser Gewicht auf der Sitzfläche des Stuhls, so daß das Rückgrat ohne Spannung aufrecht zu sein vermag. Zuerst verweilen wir nun im Beckenraum – auch dies gehört zur Sitz-Grundstellung – und spüren uns in diese Höhlung ein. Es ist wohltuend, derart im Tief-Unten zu ruhen. Wir versuchen – und dies im Laufe der Übungen immer wieder –, die Form und Ausdehnung dieser Knochenschale zu empfinden. Wir gleiten einfühlend dem Beckenrand entlang, um seinen Schwung ganz konkret zu verspüren. Auch versuchen wir im Laufe der Übungen das kleine Becken (sein Durchmesser entspricht etwa dem des Halses) und seinen Zustand zu empfinden und zu lösen. Denn die krampfhaften Verspannungen können bis zu diesem untersten Knochenkranz des Rumpfes hinabwirken.
Erst wenn wir uns gänzlich in den Beckenraum eingefühlt haben und in ihm gleichsam heimisch geworden sind, wenn wir seiner als Ort des Körperschwerpunktes innegeworden sind, dürfen wir diesen verlassen. Zuvor aber versuchen wir, das in den Beckenraum hineinragende Kreuz- und Steißbein (aus den fünf zusammengewachsenen Kreuzwirbeln bestehend) zu erfühlen. Ist dies gelungen (wozu es jedoch der wiederholten Einfühlung bedarf), dann gleiten wir von diesem Ende der Wirbelsäule aus aufwärts an den fünf Lendenwirbeln und den zwölf Brustwirbeln entlang, jedoch nur bis zum vorspringenden siebten (untersten) Halswirbel. Denn vorerst soll der Hals, sollen die Halswirbel noch nicht einbezogen werden.
In Wirklichkeit aber verspüren wir nicht die Wirbelsäule selber, sondern nur ihre äußeren Dornfortsätze, da insbesondere der mittlere Teil der Wirbelsäule bis in die Mitte des Rumpfes vorgeschoben ist. Doch ist diese Ortung für das einfühlsame Aufwärtssteigen der Wirbelsäule entlang unerheblich. Wir folgen diesem knöchernen Strang, uns ihm anschmiegend. Das Ziel ist, schließlich jeden einzelnen Wirbel zu unterscheiden und zu verspüren – was jedoch langer Übung und großer Geduld bedarf. Erst wenn

dies gelingt, werden wir der Realität der Wirbelsäule gänzlich inne. Dies wird schon dadurch bezeugt, daß der Übende beim »Aufwärtssteigen« unter Umständen an bestimmten Stellen Hemmungen oder Schmerzen verspürt. Damit melden sich die kranken Wirbel, die, auch wenn wir von ihnen bisher nicht wußten oder sie nicht bemerkten, nun bewußtwerden. Doch gerade das Einfühlen und Bewußtwerden dieser kranken Stellen leitet einen Heilungsprozeß ein – die Bewußtwerdung stimmt nicht nur die Seele, sondern auch den Körper um. Es wird im Verlauf diese Aufsteigens, das man sich auch als Fließen des Lebensstromes vorstellen kann, zu Nervensensationen verschiedener Grade kommen – die weder vom Meditationsleiter noch vom Übenden vorauszusehen sind: so z. B. zu Wärmeempfindungen oder zu Licht- und Farbwahrnehmungen, die nie zufällig, sondern jeweils als Ausdruck von biologischen oder psychischen Vorgängen auftreten. Die selteneren Kälteempfindungen werden sich meist zu Beginn eines Auflösungsprozesses einstellen: wenn sich starke Verkrampfungen, Konzentrationen von Giftstoffen oder Schlacken zu lösen anfangen als Zeichen dafür, daß sich ein neuer Gesundheitszustand anzubahnen beginnt.

Vor allem ist unbedingt zu beachten: Alle Übungen, auch die erwähnte des Aufsteigens sowie die Einfühlung in die Wirbelsäule, sollten so langsam als nur möglich durchgeführt werden. Jedes schnelle Vorgehen wird sich als unfruchtbar erweisen. Ebenso sollte der aktive Wille ausgeschaltet werden. Nicht, was wir über unsere »Wanderung« der Wirbelsäule entlang denken, sondern wie wir sie empfinden, ist alleine von Bedeutung und fruchtbar. Dadurch ist diese Übung zugleich ein Mittel, uns von unserem uns antreibenden Willen zu befreien.

In der gleichen Weise, wie wir langsam, hinhorchend und uns einfühlend »aufgestiegen« sind, steigen wir wieder an der Wirbelsäule entlang bis zum Becken hinunter und lassen den Lebensstrom dorthin zurückfließen. Er mündet in diesen Urlebensraum, wir ruhen dort und bedenken die Erfahrungen, die uns zugekommen sind. Dann aber führen wir den Lebensstrom über das Oberschenkelgelenk, die Ober- und Unterschenkelknochen zu den Füßen hinab und lassen den Strom durch die fest auf dem Boden aufruhenden Fußsohlen in die Erde dringen. Letzteres ist wichtig; denn die im Körper wirkende und durch die Einfühlung zudem noch stimulierte oder zentrierte Kraft darf nicht in diesem verweilen, sondern muß sich verstrahlen oder »abgeleitet« werden, eine Einsicht, die durch die Erfahrungen der Eutonie von Gerda Alexander bestätigt wird.

Jedenfalls ist der Aufstieg vom Becken bis zur Schulterhöhe eine Grundübung der Kreuzmeditation, mit der jede Übungsstunde eingeleitet werden sollte. Es wäre gefährlich, ohne weiteres auf dem jeweils Erreichten weiterzuschreiten, man würde bei solcher Verhaltensweise bald den Grund verlieren und im Ungefähren zu schweben beginnen. Wir kehren darum immer wieder geduldig und mit Gewinn zu dieser Grundübung zurück, wobei wir sie variieren können, indem wir das Aufwärtsfließen des Lebensstromes bei den Fußsohlen beginnen lassen und ihn über das Becken bis zur Schulterhöhe führen und desgleichen auch wieder zurück zu den Füßen, um von dort aus den Kraftstrom spürbar in die Erde zu entlassen. Oder aber wir lassen den Strom und die entsprechende Einfühlung nur vom Becken aus aufsteigen und auch dorthin wieder zurückfließen. Jedenfalls ist es von entscheidender Wichtigkeit, daß diese Übung oft wiederholt wird, drei- bis zwölfmal hintereinander und auch sonst bei jeder sich sinnvoll bietenden Gelegenheit. Denn nur auf diese Weise wird die Wirbelsäule sensibilisiert, der Übende wird ihres gesunden oder kranken Zustandes inne und vermag auf sie einzuwirken. Dabei ist zu bedenken, daß von der Wirbelsäule mit die wichtigsten Nerven ausgehen, welche eine Fülle von Funktionen der Muskeln und Organe mit Impulsen und Lebenskraft versorgen. Wenn darum durch diese und die folgenden Übungen die Wirbelsäule sensibilisiert wird, dann wirkt sich dies auch auf die Nerven aus, die sie aus sich entläßt – das will sagen: Die ganze Körperorganisation wird betroffen und allmählich umgestimmt.

Zweite Grundübung – der Einbezug der Arme

Am zweckmäßigsten wird diese Übung im Stehen durchgeführt. Der Übende steht gerade aufgerichtet mit hängenden Armen und den Füßen fest auf dem Boden. Allein schon die bewußte Kontaktnahme der Füße mit dem Boden ist eine ernsthafte Übung. Dabei sollten »alle vier Seiten« oder Kanten der Fußsohlen gleicherweise den Fußboden berühren. Die Erfahrung (z. B. die ungleichseitig abgelaufenen Schuhabsätze) erweist, daß kaum einer gleichmäßig mit allen vier Seiten oder Kanten der Füße auf der Erde steht. Das aber hat zur Folge, daß, je nachdem einer die äußere oder innere Kante überbetont, sich seine Schenkel mehr nach innen oder nach außen neigen werden, Haltungen, die über das Oberschenkelgelenk bis in die Haltung des Beckens fortwirken. Sind nun die Füße »gerichtet«, d.h. im Abstand des Beckens gerade nebeneinander und auf alle vier Kanten gestellt, dann läßt der Übende den Lebensstrom, von der Erde aus, durch die Füße, die Unter- und Oberschenkelknochen, über das Oberschenkelgelenk bis ins Becken aufsteigen – wobei dies nie ein bloß mechanischer Vorgang sein kann, da er begleitet, geleitet wird durch Einfühlung in die Knochen und ihren Verlauf. Die beiden durch die Schenkel fließenden Ströme sammeln und vereinen sich im Becken. Diese Vereinigung wird (am besten sitzend) nachgefühlt und erinnert. Erst dann läßt der Übende den Lebensstrom von den Steiß- und Kreuzwirbeln aus wieder wie bei der ersten Übung langsam der Wirbelsäule entlang aufsteigen, sich sorgsam in diese Säule aus Wirbeln einfühlend und ihren

Zustand erhorchend. Man könnte, was hier mit »Einfühlung« gemeint ist, auch »aktives, Einsicht vermittelndes Gefühl« nennen. So gelangt der Übende im Aufsteigen bis zu einem Punkt zwischen den Schulterblättern. Hier hält er inne und betrachtet, wie vorher bei der Vereinigung der Lebensströme im Becken, was sich bisher begeben hat.
Nun breitet er langsam die Arme seitlich aus – und streckt sie samt den geöffneten Händen, soweit dies die Muskeln überhaupt zulassen, in die Waagrechte. So stellt er zum erstenmal leibhaft die Grundform des Kreuzes dar: und zwar das noch »kopflose«, dreiteilige Taukreuz. Diese Kreuzform seines Leibes soll er mit all seinen Sinnen und Empfindungen nachfühlen. Dann aber läßt er den zwischen den Schulterblättern verweilenden Lebensstrom sich teilen und sich nach links und rechts über das Schultergelenk in die Arme und von da aus in die Hände strömen – stets den Knochen entlang, diese fühlend, bis er die Fingerspitzen erreicht. Aber in diesen endet er nicht: Denn der Strom dringt über die Fingerspitzen in den Raum hinaus. Jedoch nicht, wie man, wesensblind, meinen könnte, ins Leere. Wir erinnern daran, was wir in der Kreuzsymbolik von der Horizontalen festgestellt haben: Diese ist wie ein Äquator, der den geistigen Raum des Kosmos umrundet und wieder in sich selber zurückkehrt. Wer durch die ausgestreckten Hände (die antike und altchristliche Gebetshaltung) den Lebensstrom in die Welt schickt, trifft dort auf den Lebensstrom der Brüder. Darum ergreift der Lebensstrom, den man auch Liebes- und Wesensstrom nennen könnte, als Verlängerung der Hände jene andern Ströme, welche die unbekannten Nächsten ausstrahlen. Wer derart im lebendigen Stromkreis der Horizontalen eingegliedert ist, der ist nicht mehr, ja nie mehr allein – er ist an den Kraftstrom der Brüderlichkeit angeschlossen. Der Übende sollte verspüren, wie der feinstoffliche Kraftstrom durch seine Hände – als Verlängerung derselben – über sie hinausstrahlt. Und dies ist durchaus physisch festzustellen durch das Vibrieren der Fingerspitzen und durch

die spürbare Erwärmung der Hände infolge vermehrter Durchblutung. Gewiß wird jeder diesen Vorgang verschieden erfahren, schwächer oder stärker und mit verschiedenartigen Vorzeichen. In welcher Weise auch immer, die Veränderung wird deutlich und unabweisbar wahrgenommen werden.

Auch wenn der Mensch seiner Skelettstruktur nach kreuzförmig gebaut ist, wird er dessen erst inne, wenn er die Arme in diese Form einbezieht, indem er sie horizontal ausstreckt. Das aber geschieht gemeinhin nicht im Alltag, sondern nur in ungewöhnlichen Situationen. Im Verlauf der Kreuzmeditation wird dies jedoch bewußt. Es gehört dann zu den eindrucksvollen Erlebnissen, wenn der Übende durch seine ausgestreckten Arme seine Kreuzgestalt wahrnimmt und sie nicht nur physisch, sondern auch mental entdeckt und dadurch genötigt wird, einzusehen, daß er, wie die meisten Menschen, bisher eindimensional gelebt und gehandelt hat, in dem er die Gegenrichtung zu seinem jeweiligen Standort, ohne welche diese nicht einzuhalten ist, nicht zur Geltung kommen ließ. Nun muß er am eignen Leib erfahren, daß erst die Zusammenfügung der Gegensätze eine lebendige Figur ergibt.

Weil sich aber die äußerst gespannten Arme und Hände nicht längere Zeit ausgestreckt halten lassen, darum muß der Übende diese Kreuzfigur auch wieder zurücknehmen. Der Übende zieht den durch die Fingerspitzen entsandten feinstofflichen Strom wieder in die Hand zurück; von dort aus fließt er zurück durch die Arme und das Schultergelenk zur Mitte zwischen den Schulterblättern. Dort vereinigen sich die Lebensströme von links und rechts zu einem einzigen, der langsam der Wirbelsäule entlang herabfließt zum Becken, dort einmündet, es ausfüllt, so daß die ganze Höhlung des Beckens spürbar wird; von dort überfließt er in die Schenkelknochen und in die Füße, von wo aus er in die Erde einstrahlt. Danach setzt sich der Übende auf seinen Stuhl in der bereits beschriebenen Meditationshaltung und sinnt erinnernd nach über die neue Erfahrung, die er gewonnen, und die Wandlung, die sie in ihm bewirkt hat. Auch hier ist es als sinnvoll und praktikabel geboten, die Übung mindestens dreimal hintereinander zu wiederholen.

Dritte Übung – ausgespannt am Andreaskreuz

Bereits im entsprechenden Kapitel der Kreuzsymbolik ist der Unterschied zwischen dem klassischen Urkreuz und dem Schrägkreuz, in der christlichen Überlieferung auch Andreaskreuz genannt, dargelegt worden: Dem Urkreuz eignet singulärer Stand auf der Erde, von der aus es sich »aufrecht« ausbreitet. Aber das Schrägkreuz ist mit zwei seiner Schenkel auf die Grundfläche gestellt, ähnlich wie ein Mensch mit gespreizten Beinen; und desgleichen ragen die zwei oberen Schenkel schräg nach den Seiten wie zum Himmel emporgestreckte Hände. Diese Struktur ist das Vorbild für die außerordentlich wirksame Übung in der Stellung des Andreaskreuzes, mit der doppelten Streckung von der Mitte aus nach unten und nach oben. Nach dem Vorbild des Schrägkreuzes stellt sich der Übende mit gespreizten Beinen auf den Boden, während er zugleich die Arme in Schräghaltung soweit als möglich nach oben außen dehnt. Auf diese Weise bildet der Übende das lateinische Zahlzeichen für zehn, den griechischen Anfangsbuchstaben des Wortes Christus und zugleich das Symbol für die (platonische) Weltseele. Diese Stellung ist zwar anstrengend, aber eben deshalb ist sie von therapeutischer Wirkung. Denn in dieser Haltung wird der Mensch nach den Weltrichtungen »auseinandergestreckt«, und das hat zur Folge: Er wird entmächtigt. Er kann nicht mehr über sich verfügen, sondern ist genötigt, sich hinzugeben. Meditieren wir im Urkreuz das Gottkreuz, so im Schrägkreuz das Menschenkreuz – der Meditierende gelangt dadurch an die Grenze des Menschseins.

Weil aber der Übende in diesem Auseinandergestrecktsein die Figur eines X darstellt, dieses aber von zwei sich kreuzenden Diagonalen gebildet wird, so werden auch diese zu Mitteln der leiblich-seelischen Meditation. Wenn nun der Leib mit seinen Gliedern ein Schrägkreuz bildet, dann werden die beiden Diagonalen zum Strukturnetz dieser Haltung. Wir fühlen darum sorgsam diese beiden »Linien« nach. Die eine verläuft vom linken Fuß über die Körpermitte zur rechten Hand, die andere vom rechten Fuß zur linken Hand, ebenfalls über die Körpermitte, in welcher sie sich kreuzen. Diesen »Linien« oder Nervenspuren ist in sorgsamer Einfühlung nachzugehen. Der Übende sollte deutlich spüren, wie sie schräg über den Körper laufen und gleichsam Furchen in dessen Oberfläche ziehen. Auch nimmt er mit den Fußsohlen Erdkräfte auf und »transportiert« sie bis in die ausgestreckten Hände, von wo aus sie in den Ätherraum ausstrahlen. Die »Mitte«, in der sich die »Linien« kreuzen, befindet sich im oberen Bauch, gerade im mächtigen Nervenzentrum des Sonnengeflechtes.
Eine der wichtigsten Folgen der Übung des Schrägkreuzes ist die Freisetzung der leiblichen Mitte und durch deren Wahrnehmung das Erfahren der geistigen Mitte im Menschen. Gerade diese Leibesmitte wird durch die in unserer Zivilisation aus beruflichen Gründen (und durch das Fernsehen) zunehmende Sitzhaltung und die dadurch veranlaßte Beugung des Rückens, eingezwängt und zusammengepreßt, so daß nicht nur die Bauchatmung, sondern auch das vegetative Nervenzentrum des Sonnengeflechtes nur eingeschränkt funktionieren kann. Dieser eingeschränkte Zustand kann zu Herz-, Atem- und Kreislaufstörungen, zu pathologischen Veränderungen im Wärmehaushalt und im Verdauungssystem führen. Auch mangelnde Reaktionen des Unbewußten und Verlust an schöpferischer Phantasie können die Folge sein. Freisetzung des Sonnengeflechtes bedeutet darum, eingeschränkte Funktionen des leib-seelischen Organismus wieder freizusetzen und zur vollen Entfaltung zu bringen. In diesem

Fall wird dies gefördert durch die Andreaskreuzhaltung: Der Brustkorb wird durch diese nach oben gezogen und geweitet, während das Becken einem Zug nach unten folgt. Dadurch wird der Bereich zwischen dem unteren Rippenrand und dem Becken frei von jeder Einengung und kann seine Lebendigkeit unbehindert entfalten.

Das Sonnengeflecht, der plexus solaris, unter dem Zwerchfall und teilweise unter dem Magen gelegen, ist eines der mächtigsten Nervenzentren des menschlichen Körpers. Sein Name wird begreiflicherweise hergeleitet von der gelben Farbe dieses dichten Nervenknäuels, das wie eine strahlende Sonne »Strahlen«, d. h. Nervenbahnen, ringsum nach allen Seiten aussendet. Dies vegetative und autonome, d. h. von Willenseinwirkungen unabhängige Nervenzentrum befindet sich in der »Mitte der Mitte« des Rumpfes, im gleichen Abstand von der linken und rechten Lendenseite, in der Mitte von Bauchdecke und Rücken, zwischen dem Ende des Brustbeins und dem Nabel. In dieser zentralen Lage wirkt der plexus solaris als Schaltzentrale des gesamten Bauchraumes. Er regelt die Funktionen aller Baucheingeweide: diejenigen der Leber, der Galle, des Magens, der Bauchspeicheldrüse, der Nieren, der Gedärme und damit der Verdauung. Ebenso wirkt dies Nervenzentrum auf die Geschlechtsfunktionen. Über die erwähnten Organe beeinflußt das Sonnengeflecht den Wärme- und Wasserhaushalt des Körpers. Auch regelt es den Prozeß der Ausscheidungen, des Assimilierens und Dissimilierens, und dies bedeutet: des gesamten Stoffwechsels. Ebenso wirkt es auf die Erweiterung und Verengung der Gefäße, was praktisch bedeutet: auf die Regelung des Blutkreislaufes.

Jedenfalls bewirkt die ungestörte Funktion des Sonnengeflechts den harmonischen Ablauf der unbewußten sowohl seelischen wie leiblichen Lebensvorgänge. Zudem ist es als Bindeglied von Leib und Seele als das »zweite Gehirn« des Menschen, als ein »Bauchgehirn« (wie es auch genannt wird) zu betrachten. Darum sind alle Ausdrucksformen der Sprache wie der Bewegung, der seelischen Emotionen, die Formen der Sympathie und Antipathie Leistungen des vegetativen Nervensystems, insbesondere des Sonnengeflechtes. Aus all diesen weitreichenden Bezügen ergibt sich, daß die Funktion des Sonnengeflechtes von entscheidender Bedeutung ist für das Wechselspiel von Leib und Seele und die Harmonie beider Sphären.

Dieser komplexe Funktionsbereich gelangt nun durch die Andreaskreuzübung zur vollen Entfaltung, das will sagen: Der gesamte unbewußte leib-seelische Lebensprozeß, insoweit er sich unabhängig von äußeren Einwirkungen vollzieht, und der bisher vielfach durch die Verstädterung und Instinktverkümmerung gedämpft wurde, kann sich nun in seiner Fülle manifestieren. Begreiflich, daß eine solche Befreiung als ein erhöhtes Lebensgefühl empfunden wird. Zugleich vermittelt das Nachspüren der sich in der Region des Sonnengeflechts kreuzenden Diagonalen ein Empfinden für die Einheit des so vielschichtigen Leibes und der seelischen Vielfalt. Allerdings ist Voraussetzung für eine derart weitgehende Wandlung des Körper- und Lebensgefühls die Einsicht in die Notwendigkeit der Hingabe, die leib-seelisch durch die Andreaskreuzhaltung erfahren wird.

Bisher wurde auch bei dieser Übung der Hals außer acht gelassen – und dies mit Absicht. Er wird erst bei der nächsten und übernächsten miteinbezogen werden. Jedenfalls werden bei der hier beschriebenen der Hals und der Kopf aufrecht gehalten, denn von diesen beiden Gliedern geht die wirksam vorgestellte Mittellinie aus, gleichsam ein Pfahl, welcher das ganze Kreuzgebilde mit der Erde verbindet.

Baut man die Übung wieder ab, so läßt der Übende erst langsam die Arme sinken, schließt dann die gespreizten Beine und setzt sich danach langsam, jede Phase des Sichsetzens genau beachtend, wieder auf seinen Stuhl in der erwähnten Anfangssitzhaltung, um dem Geschehen meditativ nachzusinnen.

Das Christusmonogramm oder das Sternkreuz

Das sternförmig sechs- oder achtstrahlige Christogramm ist, wie schon in der Kreuzsymbolik dargelegt, das reichste der Kreuzzeichen – alle bisherigen sind in dies komplexe integriert. Seine Grundfigur ist das X, d. h. das Schrägkreuz, das von einem senkrechten Strahl von oben nach unten durch die Mitte hindurch durchdrungen wird. Diese Senkrechte bildet oben eine p-artige Schleife, die den griechischen Buchstaben rho = r sinnbildet; das X entspricht dem griechischen Buchstaben chi: Beide Buchstaben zusammen bilden den Anfang des Wortes Christos. Eine zweite Version des Christogramms entsteht, wenn dem graphischen Gebilde noch ein Querstrich hinzugefügt wird.
Wenn wir nun das Christogramm als Modell für die leibliche Einübung des Kreuzes verwenden, dann erkennen wir in dem darin enthaltenen X die Grundfigur der letzten Übung. Darum begeben wir uns wieder in die schräge Ausspannung, durch welche die Mitte des Leibes freigesetzt wird und das Sonnengeflecht vermehrt zu pulsieren beginnt. Diese Stellung halten wir in Nachahmung des Zeichens durch. Doch die Mittellinie mit der P-Schlinge stellt dann Hals und Kopf dar. Zumindest der Hals sollte nun in die Übung einbezogen werden, seine sieben Wirbel, seine erstaunlich vielfältigen Funktionen, hervorgerufen durch die verschiedenen Nerven-, Adern- und Röhrensysteme, die das »Mittlerorgan Hals« durchziehen. Gewiß wirkt kein Glied und kein Organ isoliert von allen andern – stets ist jede Funktion auf nähere oder fernere Teile des

Leibes bezogen. Doch beim Hals ist die Bezogenheit und Kommunikation intensiviert. Denn alles, was vom Hals ausgeht, wirkt sich oft in entfernten Körpersegmenten aus, ohne daß sich augenscheinlich ein kausaler Zusammenhang feststellen ließe. Deshalb ist es naheliegend, daß viele Störungen an Kopf, Brust und Armen vom Hals-Nacken-Bereich ihren Ausgang nehmen. Und da am und im Hals so viele lebenswichtige Funktionen auf engstem Raum zusammengefaßt sind, bedeutet jede Störung in diesem Bereich eine weitaus höhere Gefahr für Gesundheit und Leben, als wenn andere Glieder oder Organe betroffen sind.
Jedenfalls ist naheliegend, daß Fehlhaltungen und -steuerungen in der Halsregion sich im Schulter-Nackenfeld auswirken, dem ohnedies eine biologische Sonderstellung und zudem erhöhte Bedeutung für die Gesamtspannung des Körpers zukommt. Gelingt es darum, die von Störungen in der Halsregion hervorgerufenen Spannungen im Schulter-Nacken-Bereich aufzulösen, wird zumeist auch die – oft sich in Schmerzen äußernde – Spannung im ganzen Körpergefüge gelöst werden können. Dadurch lassen sich auch im Körper umherwandernde Schmerzen, wie sie durch Erkrankungen der Halsregion hervorgerufen werden, fixieren oder beseitigen. Daß Störungen der Hals-Nacken-Region großenteils seelisch bedingt sind, ist eine bekannte Tatsache. So können sie z. B. durch die Weigerung, eine vom Schicksal auferlegte Last anzunehmen, auftauchen. Denn der Zustand des Nackenbereichs zeigt an, inwieweit wir bereit sind, unsere Lebenslast willig zu tragen.

Die Meditation des Halses darf jedoch nicht bei diesem selber beginnen. Denn es hat als Regel für die Kreuzmeditation zu gelten, daß jede neue Übung zuerst die Wiederaufnahme der ersten Grundübung erfordert. Der Übende sollte zum Anfang zurückkehren und von da aus den ganzen Übungsweg durchwandern, bis er die jeweilige Station des Fortschreitens erreicht.

Wir beginnen darum mit dem »rechten Sitzen« auf dem Stuhl, womit jeder Übungsvorgang eingeleitet werden

sollte. Dann folgt die Einfühlung in das Becken als Körperschwerpunkt. Wir fühlen uns in seine Höhlung ein und wandern seiner oberen Kante entlang, um uns dadurch seine Topographie immer wieder einzuprägen. Dann aber »steigen« wir vom Steiß- und Kreuzbein aus der Wirbelsäule entlang langsam aufwärts – wir lassen den Lebensstrom aufwärtsfließen, und dies bis zum letzten der zwölf Brustwirbel, uns wie stets in die ganze Wirbelfolge einfühlend. Dort schalten wir eine kurze Pause ein und beginnen dann die sieben Halswirbel bis zum Atlas, dem Träger des Kopfes, »aufzusteigen«, oder vielmehr, wir lassen den Lebensstrom die sieben Wirbel umfließen. Der Ziel-Zustand, der erreicht werden sollte, ist, jeden der sieben Wirbel einzeln zu verspüren. Aber dies bedarf einer allmählichen Sensibilisierung, die sich bei den Übenden erst nach verschieden langer Zeit einstellen wird. Wird aber das dadurch ausgelöste Knochenbewußtsein erlangt, dann wird eine neue Freiheit der Halsbewegung, erhöhte Durchblutung der Halsregion und Intensivierung der Nervenströme die Folge sein. Es empfiehlt sich, diese Übung – durch welche die Verbindung von Kreuzbein und Atlas entsteht – mehrmals hintereinander, mindestens aber dreimal zu wiederholen.
Die sich daran anschließende Abwandlung dieser Übung wird im Stehen durchgeführt. Wir stellen uns aufrecht auf den Boden, wobei alle vier Seiten der Füße, die in geringem Abstand parallel gerichtet sind, den Boden gleicherweise berühren. Mittels der Füße empfangen wir die Erdkräfte und leiten sie über die Knochen der Unter- und Oberschenkel über das Hüftgelenk (oder den Trochanter) ins Becken, wo sich beide Ströme vereinigen. Vom Becken aus, das wir wieder als Erdschale und Sammelbecken empfinden, lassen wir den Lebensstrom wieder vom Kreuzbein aus der Wirbelsäule entlang, langsam und uns in sie einfühlend, aufwärts strömen bis zum obersten Halswirbel. Dann aber erheben wir beide Arme langsam in die Horizontale, strecken sie und die Hände soweit wie nur mög-

lich aus, teilen den Lebensstrom der Mitte und senden ihn links und rechts in die ausgestreckten Arme, führen ihn den Ober- und Unterarmknochen entlang bis in die Fingerspitzen, von denen aus er als ätherische Kraft in den Weltraum strahlt. Dann aber führen wir den Strom der Einfühlung vom obersten Brustwirbel aus weiter hinauf über die sieben Halswirbel zum kopftragenden Atlas. Doch sollte dieser nicht überschritten werden, um in den Kopf einzudringen. Dies ist der nächsten Übung vorbehalten.

Die leibliche Meditation der sieben Halswirbel vermittelt ein Empfinden der Freiheit – es wird dem Übenden dadurch die große Möglichkeit der freien Drehung des Halses (und damit des Kopfes) zur Weltwahrnehmung bewußt: »Hier ist die Aussicht frei.« Er wird einesteils die belebende Durchblutung und Nervenvibration, freilich auch die lädierten oder kranken Stellen dieser Region wahrnehmen. Gewiß gibt es kein Allheilmittel für alle Gebrechen – auch die Meditation des oberen Kreuzes ist kein solches. Aber die Meditation des Halses und echte, nicht nur suggestive Einfühlung in die Halswirbel wird in vielen Fällen zu Lockerungen und Entspannungen führen, ebenso zum Abbau bewegungshindernder Ablagerungen und zur Beseitigung falscher, schmerzerregender Haltungen des Halses, die sich verstörend auf den Schultergürtel und die Atembewegungen auswirken.

Allerdings läßt sich am Zustand des Halses auch die jeweilige Reifeproblematik eines Menschen »ablesen«. Denn wie die »Kreuzregion« des unteren Kreuzes ist der Hals, als Repräsentant des oberen, eine Art Schwelle, die im Laufe der Entwicklung des einzelnen überschritten werden sollte, und damit auch die Halsregion, in der die Eros- und Logoskräfte intensiviert zum Ausdruck kommen. Doch nur dann werden diese zu wohltätiger Wirkung gelangen (was durch die Haltung des Halses deutlich wird), wenn der Mensch in seiner Entwicklung nicht stehenbleibt, sondern zu der ihm möglichen Reifung fortschreitet. Wenn aber der Mensch die Anstrengungen des Reifeprozesses scheut, muß er mit Erkrankungen der Halsregion rechnen, die scheinbar nur physisch, in Wirklichkeit jedoch psychischer Herkunft sind, so z. B. bei der psychogenen Angina. Durch die Übungen zur Meditation des oberen, durch den Hals vervollständigten Kreuzes gelangt der Übende erstmals zur vollen Kreuzhaltung und -erfahrung. Jetzt wird er leibhaft inne, was »Kreuz« in allen Dimensionen, physisch, psychisch und geistig ist und bedeutet – er wird erfahren, wie sich das psychische Kreuz in dem des Skelettes abbildet und umgekehrt. Doch über den Gewinn dieser persönlichen Einsichten hinaus wird der Übende die Ordnung der großen und kleinen Welt – die durch das Kreuzschema geprägt wird – als die ihn und seine Mitgeschöpfe bestimmende Wirklichkeit erfahren.

Jedenfalls ist die nun erreichte Kreuzhaltung von komplexem Gehalt. Sie ist eine leibliche Selbstdarstellung des Menschen in Analogie zu seiner Seelengestalt: Das Innere wird sichtbar – sowohl in seiner Idealgestalt wie in seinem Mangel. Jetzt erst kann der psychisch mangelnde Kreuzteil völlig ins Bewußtsein gelangen und der Versuch unternommen werden, diesen durch Imagination zu erwecken oder »wachsen« zu lassen. Gewiß wird ein solcher »nachgewachsener« Seelenteil, der sich in dem entsprechenden Körperabschnitt oder -glied auswirkt, nicht die gleiche Stabilität aufweisen wie die »gewachsenen« Funktionen. Man wird darum seine Entwicklung immer wieder überprüfen müssen und diese durch immer erneute Meditationsübungen zu stärken versuchen.

Sobald man in der vorgeschlagenen Weise die Kreuzeshaltung einnimmt, wird der jeweilige Stand des inneren Gleichgewichts fühlbar werden, dem man dann unschwer die Direktiven für die Arbeit des ergänzenden Ausgleichs durch entsprechende Übungen der Einfühlung und der Imagination entnehmen kann. Aber bereits eine schlichte Beobachtung, die noch keine Übung zu nennen ist, kann hilfreich sein: wenn man sich nach dem Aufstehen oder im Laufe des Tages in Kreuzhaltung (d. h. mit ausgebreiteten Armen) in den Raum stellt und dann beobachtet, nach welcher Seite sich der Körper, wenn auch nur unmerklich, neigt: nach rechts zur »männlichen« Verstandes- und Bewußtseinsseite, nach links zur »weiblichen« Gefühlsseite, nach vorne, der zur Aktion drängenden oder nach rückwärts zur passiv-verharrenden Richtung. Durch diese »kleine« Kontrolle wird es möglich, sich selbst durch den Tagesverlauf zu steuern – indem man je nach Auskunft des Körpers die Bewußtseins- oder die Gefühlskräfte, die Aktivität oder die Passivität stimuliert oder dämmt. Diese Kontrolle wirkt sich ähnlich aus wie die Frage an sich selber: »Wie bin ich – wie befinde ich mich?«, durch welche der unbewußte leib-seelische Zustand bewußt wird.

Die Meditation des Kopfes

Daß der Kopf innerhalb der Gestalt des Menschen eine einzigartige Stellung – und dies im buchstäblichen Sinn – einnimmt, wird schon durch unmittelbare Anschauung deutlich: er bekrönt das Skelett. Sein vielschichtiger Bau wird durch die Schädelkapsel »abgerundet«, die wie ein Dach das Skelett überspannt und zugleich das lenkende Zentralorgan, das Gehirn, birgt und schützt. Innerhalb des menschlichen Skeletts verfügt nur der Kopf über eine voll ausgebildete annähernd runde Form – er wurde darum seit altersher symbolisch als »das Rund« bezeichnet. Dieses aber ist das Symbol des Vollkommenen, Göttlichen, in dem alle Bewegung zur Ruhe kommt. Wegen dieser vollkommensten Form wird dem Kopf das Gold und das Licht zugeordnet. Durch die Augen empfängt der Mensch das »Licht der Welt«, wird der ganze Körper licht. In der Meditation des Kopfes nähert sich darum der Übende einem Urphänomen: dem Lichtwerden, der Erleuchtung, der Fülle und der Konzentration des Bewußtseins. Sind das untere und das obere Kreuz Pole des Leibes und des Nervensystems, die einander bedürfen, herausfordern, die gegenseitig ihre Kräfte aus- und umwerten, so befindet sich der Kopf jenseits (oberhalb) dieser spannungsvollen, den Lebensprozeß differenzierenden Polarität. Wie das Göttliche zwar alles lebenspendend durchwirkt, dennoch aber außerhalb des von Eifer und Hitze dampfenden Prozesses des »Stirb und werde« in sich ruht, so schwebt auch der Kopf, nur durch ein schmales Gelenk mit dem »strebenden« Skelett verbunden, über diesem. Er ist dadurch das Symbol des Einen und der im Skelett in reiche Vielheit ausgefalteten Einheit. Darum ist die Meditation des Kopfes von anderer Art als die des übrigen Skelettes. Denn, wollen wir vom Hals zum Kopf gelangen, so werden wir genötigt, die Art des Vor-gehens zu ändern, weil wir uns »im Kopf« erstmals innerhalb einer geschlossenen Form befinden.

Auch wenn wir die Meditation des Kopfes, die zum »Höchsten« führt, beabsichtigen, ist es notwendig, wie bei den andern Übungen, von vorn anzufangen, zum Grunde zurückzukehren, um von dort aus den Lebensstrom aufsteigen zu lassen. Der Übende nimmt nun, wie schon oft, die Grundstellung des bewußten Sitzens ein. Er sammelt sich im Becken, dieser Erdschale, in welcher alle Kräfte der menschlichen Existenz und der kosmischen Mitgift noch nah beieinander versammelt sind. Er wird seiner bergenden Höhlung inne und seines Umfangs, indem er sich in den Rand des Beckens einfühlt. Wir versuchen uns insbesondere in die breite Schaufel des Steiß- und Kreuzbeines, die in das Becken hineinragt, einzufühlen – in diese Wurzel der Wirbelsäule, die man psychologisch mit dem bewußtseinsunfähigen Subunbewußten (in der kosmischen Symbolik: mit den plutonischen Kräften) gleichsetzen kann, das nicht zu verbalisieren ist. Von da aus steigt man wieder hinauf und läßt den Lebensstrom wieder langsam aufwärts, der Wirbelsäule entlang, fließen – dabei wird die Region der Lenden- und Brustwirbel durchquert und meditiert. Besonders sorgfältig durchqueren wir

das Feld der sieben Halswirbel, das uns bereits durch die vorausgehenden Übungen wohltätig bewußt geworden ist. Nun aber enden wir nicht wie bisher beim Atlas, sondern durchqueren diesen obersten Halswirbel und gelangen in das Innere der runden Schädelkapsel.
Nun sagt und schreibt sich das einfach, so, als ob man von einem neutralen oder beliebigen Knochen zum andern wechseln würde. Aber in Wirklichkeit ist der Übergang von den Halswirbeln zu dem aus 29 Knochen mosaikartig zusammengefügten Schädel ein heikler Vorgang. Gewiß, der Mensch kann sich darauf verlassen, daß dieser »Übergang« funktioniert – er kann den Kopf, der in labilem Gleichgewicht auf der Halswirbelsäule ruht, drehen und wenden, kann nicken, d. h. den Kopf senken und aufrichten. Falls der Mensch nicht gegen sein eigenes Lebensgesetz verstößt, d.h. dauernd seinen Kopf in anatomiewidrige Haltungen zwingt (am Schreibtisch oder an der Werkbank), werden alle diese komplizierten Bewegungen unbewußt ohne Anstrengung oder Gefährdung vollzogen. Darum hätten wir Anlaß genug, für die Feinkonstruktion der Verbindung von Hals und Kopf dankbar zu sein. Die Wissenden der Vergangenheit erkannten jedoch, daß jeder Übergang in besonderer Weise behütet werden muß. Darum wurden eigens Männer von Kenntnis und Erfahrung bestellt, welche die einen Fluß Überquerenden (in einer Zeit, wo es keine oder nicht genug Brücken gab) geleiteten, um sie sicher ans andere Ufer zu bringen. War doch der Flußübergang, das gefährliche Durchqueren einer unberechenbaren Naturmacht, das archetypische Bild für jeglichen »Übergang«. Dieser Helfer für den Flußübergang wurde Pontifex genannt, das ist derjenige, der die Brücke zum andern Ufer schlägt, was besagen will: dessen Kenntnis und Kraft den Übergang gelingen läßt.
Jedenfalls sollte das Gelingen des Übergangs von der Halswirbelsäule zum Kopf nicht als selbstverständlich hingenommen werden, wir sollten vielmehr diesen kritischen Vorgang durch Meditation bewußt machen und stützen.

Denn im allgemeinen wird dieser Bereich erst spürbar, wenn er erkrankt ist, Schmerzen auftreten und dieser »Übergang« auf unangenehme Weise bewußt wird. Dem kann man vorbeugen, oder wenn sich Schmerzen melden, lassen sie sich durch Meditation und durch Einführung des Lebensstromes mildern oder ganz beheben, wenn man nur geduldig ist.

Nachdem wir in der Sitzhaltung die Kräfte im Becken über die Rumpf- und Halswirbelsäule unter ständiger Fühlung mit den Knochen bis zum Atlas geführt haben, lassen wir den Lebensstrom in die Kuppel des Gehirnschädels einfließen. Die erste Bewegung, die wir dann versuchen, ist ein Umkreisen des Kopfes etwa in der Höhe des oberen Randes der Ohren. Hier führen wir den Strom der Empfindung an der inneren Wand der Schädelkapsel entlang, langsam Millimeter für Millimeter sich in ihre Härte und Glätte einfühlend. Nach dem Eintritt in die Schädelkapsel wenden wir uns zuerst nach links und gleiten der Schädelkapsel in einer Linie oberhalb des Ohres entlang. So beginnen wir die Umkreisung, d. h., wir führen den Strom der Einfühlung vom Genick bis zum Ohr und vom Ohr in gleicher Weise weiter zur Stirn, bis zu deren Mitte, denn jetzt haben wir einen der wichtigsten sensitiven Punkte erreicht. Dieser Stirnpunkt ist seit alters her bekannt und hochgeschätzt als ein Organ der höheren Erkenntnis. Der Tantra-Buddhismus vermutet hier das sogenannte »dritte (Geistes-)Auge«. Im Kundalini-Yoga ist hier der Ort des Ajna-Chakra, Sitz der Erkenntniskräfte in ihrer »Feingestalt«. Doch wie immer man auch diesen Stirnpunkt rationalisiert und imaginiert – auf jeden Fall lehrt die Erfahrung, daß sich hier ein Zentrum von hoher Wirkkraft befindet, das von jeher beachtet und genutzt worden ist. Möglicherweise befindet sich das Organ, mit dem dieser Stirnpunkt in Verbindung steht und auf das es wirkt, fern der Stirn im Kleinhirn. Diese Zusammenhänge sind heute noch nicht ganz geklärt, jedoch die empirische Wirkung ist längst offenkundig.

Wenn wir aber der Einsicht folgen, daß der Mensch ein Gleichnisbild der schaffenden Gottheit ist, und diese liegt der gesamten Kreuzmeditation zugrunde, dann sind alle Teile der menschlichen Gestalt, zwar nicht individuell, aber archetypisch, von göttlicher Prägung. Darum entspricht es diesem geistigen Gesamtverständnis des Leibes, die sensible Stirnmitte als »Christuspunkt« zu bezeichnen. Christuspunkt – das meint, daß sich in dieser Nervenregion Menschliches und Göttliches vereinen, daß von hier aus der Übertritt vom einen Bereich zum andern möglich ist. Der Apokalyptiker Johannes drückt eine ähnliche Erfahrung mit den Worten aus: »Ich sah den Himmel offen« (Offb 19,11). Wer sich auf diesen »Punkt« konzentriert, hat Zugang zu akausalen Erfahrungen jenseits der Sinnesgrenzen – was freilich nicht mystische Verschwommenheit, sondern höchste intellektuelle und anschauende Klarheit bewirkt. Aber auf jeden Fall ist psychologisch und physiologisch die Stirnmitte ein Ort der Konzentration auch im Alltag, bei Erschöpfung, Zerstreutheit und vor wichtigen Aufgaben. Die Erfahrungen eines jeden an diesem Ort werden verschieden sein, der eine wird hier Kühle, ein anderer Wärme, manche werden Helligkeit, andere Farbigkeit empfinden – der eine empfindet bildloses Glücksgefühl, die andern schauen letzte Einsichten vermittelnde Bilder. Die Wahrheit ist eine, die Weisen, wie sie erfahren und mitgeteilt wird, sind vielfältig.
Von der Stirnmitte bewegen wir uns nach rechts auf der Innenseite der Schädelkapsel in der Höhe des oberen Ohrenrandes um den Kopf herum bis zu seiner Eingangspforte. Langsam lassen wir den Lebensstrom, den wir bis hierher geführt haben, die Hals- und Rumpfwirbel hinunterfließen bis ins Becken. Wir erinnern uns im Sitzen, was sich in uns ereignet hat, wie wir verändert sind und in welcher Weise sich ein neues Kopfempfinden gebildet hat. Auch dieses wird bei jedem Übenden verschieden sein – die einen werden eine beglückende Freiheit in der gesamten Kopfregion, andere solche vielleicht nur links oder

rechts fühlen, die einen werden einen heißen, andere einen kühlen Kopf bekommen. Dann lassen wir die im Becken gesammelten Kräfte in die Ober- und Unterschenkel überfließen – immer die Knochen fühlend – und über die Füße in die Erde dringen.

Eine Variante dieser Übung beginnen wir wieder sitzend mit der Einfühlung in das Becken, aus dem die Wirbelsäule und der Lebensstrom aufsteigen, und dies bis zum Atlas. Nach einer kurzen Pause, um Art und Bedeutung dieses Ortes ganz zu erfühlen, dringen wir durch die enge Öffnung in den Hirnschädel ein. Aber diesmal umkreisen wir den Kopf nicht, sondern steigen von der Pforte über den Hinterkopf zum Scheitel empor und fühlen uns in den bisher noch nicht aktivierten Teil der hinteren Schädelkapsel ein. Dort »oben« bilden die beiden Scheitelbeine den mittleren Teil des Schädelgewölbes und die knöcherne Grundlage für die höchste Erhebung des Schädels, den Scheitel. Gewiß kann man, wie jeden Teil des Knochengerüstes, auch den Scheitel anatomisch-funktionell betrachten. Aber alles Stoffliche in der Welt des Lebendigen verkörpert nicht nur physische, sondern auch geistige Werte. Darum ist zu fragen, was die »höchste Erhebung« des Menschen, sein Scheitel, als Geistorgan repräsentiert, was in diesem seiner Bestimmung nach vorgeht. Alle Kulturen und Religionen haben bisher der Scheitelhöhe des Kopfes größte Bedeutung zugemessen. In der Antike wurde diese durch die Salbung, im Mittelalter durch die Tonsur des Mönches und des Priesters zum Ausdruck gebracht. Das Kundalini-Yoga imaginiert hier den tausendblättrigen Lotos, Symbol für die transzendente unendliche Vereinigung. Jedenfalls lehrt uns nachvollziehbare Erfahrung, daß wir die Scheitelhöhe als Ort einer Ausstrahlung von reinster geistiger Kraft betrachten können. Was der Mensch an geistigen Kräften gesammelt hat, gefiltert durch Leiden und Streben, das tritt hier als Kraftstrom hervor und verbindet sich mit ähnlich gearteten Strömen. Freilich kann nur ausströmen, was sich im Laufe eines Lebens kristallisiert hat.

Menschen, welche ihre Mitgift nur im Sinnenleben ausgegeben und dafür dessen nicht geringe Reize eingehandelt haben, werden gewiß hier nur zu einer geringen oder gar negativen Ausstrahlung fähig sein. Diese Ausstrahlung ist heute sogar meß- und fotografierbar – was aber unerheblich ist; denn dadurch, daß man ihre Wirklichkeit feststellen kann, ist noch nichts über ihre Qualität und Bedeutung ausgesagt.

Einige Zeit verweilt der Meditierende mit seiner Aufmerksamkeit auf dem Scheitel. Aber nun steigt er über den Vorderschädel zur Stirn herab bis zu deren Mitte, wo er wieder auf den »Stirnpunkt« trifft. Wenn wir uns in diesen einfühlen, wird deutlich werden, wie verschieden das Stirnorgan und der Scheitelpunkt und deren Kräfte und Funktionen auch wirklich sind.

Nachdem der Übende einige Zeit in Meditation des Stirnpunktes verweilt hat, geht er den gleichen Weg, auf dem er gekommen, zurück – d. h. über den Scheitelpunkt zum Kopfeingang und von da aus wie bei der vorangehenden Übung über die Wirbelsäule ins Becken und weiter über die Schenkel zu den Füßen, über welche der Lebensstrom in die Erde dringt.

Diese Kopfmeditation läßt sich vervollständigen, wenn sie stehend und mit ausgebreiteten Armen durchgeführt wird. Dann geschieht die letztmögliche Ausfaltung und Realisation der Kreuzmeditation: Es wird der Mensch mit Füßen, Beinen, Rumpf, Armen, Hals und Kopf zum Kreuz, und er wird dadurch seines Leibes und Geistes, seines diesseitigen und jenseitigen Daseins bewußt. Er wird dann in höherem Grade zum Menschen – denn dies, was bisher an seinem Menschsein latent war, was unerkannt im Unbewußten ruhte, tritt nun als wirkende Erscheinung hervor. Bei seiner Geburt und noch in seinen Entwicklungsjahren war er nur ein Entwurf des Menschen, aber nun beginnt sich seine Menschwerdung zu verwirklichen. Dadurch treten ungeahnte Charakterzüge hervor: das Erwachen eines Selbstgefühls, das nicht von äußerer Zustimmung abhängig ist, da es aus der nun möglichen Erfahrung des Wirklichen stammt. Nun wird ihm auch die Einheit von Geist und Sinnenkräften bewußt, so daß er nicht mehr dem Zwang unterworfen ist, das eine gegen das andere auszuspielen. Auch ist er unabhängig geworden von den Kollektiv-Formeln, mit deren Hilfe die Menge gesteuert wird. Zudem hat er jene Freude erfahren, die nicht kausal bedingt ist. Nichts kann ihn mehr hindern, sich selber als einen Menschen in der Verwirklichung und dennoch in seiner Beschränktheit anzunehmen. Er ist auch jetzt, nach der Übung der Kreuzmeditation, kein Idealmensch geworden, er bleibt ein Mensch im Widerspruch – aber er trägt diesen nun aus und trägt ihn hin zu jenem Ur-Einen, in dem alle Widersprüche umfangen sind. Er hat ein großes Stück seiner Menschwerdung durchgestanden durch die Hilfe der Meditation des ganzen Menschen.

Nachträge
Christliche Gebetshaltungen

Folgende Darlegungen stehen nur in mittelbarem Zusammenhang mit der Kreuzmeditation. Dennoch sind sie praktisch und theoretisch auf diese bezogen. Denn sie handeln von zwei schon im christlichen Altertum bekannten Kreuzgesten, die es vermochten und noch immer vermögen, den Menschen seelisch und physisch bedeutungsvoll zu überbilden. Insofern können und sollen diese beiden »Zeichen« die Kreuzmeditation flankieren und dadurch mithelfen, deren Wirkungen zu vertiefen.

Das Sichbekreuzigen

Es wurde bereits auf die Tatsache hingewiesen, daß das Kreuz nicht als das älteste christliche Heilszeichen gelten kann. In den römischen Katakomben erscheint das Kreuzzeichen erst verhältnismäßig spät an Wänden und Gräbern. Andere Symbole des Glaubens gehen ihm voraus: der Fisch, die Taube, der Pfau, das Lamm, der Anker, das Ankerkreuz, der Ölzweig, die Rose oder die Arche. Erst nach der Mitte des ersten christlichen Jahrtausends beginnt allmählich das Kreuzzeichen zu dominieren, allerdings jahrhundertelang alternierend mit dem sternförmigen Christogramm, das Kaiser Konstantin der Große zum Signum des Reiches und des Glaubens bestimmt hatte. Doch wenn auch das auf Mauern, auf Papier oder Pergament fixierte Kreuzzeichen keineswegs das älteste Signum der frühen Christenheit gewesen ist, so spielte es in den ersten christlichen Jahrhunderten – und dies bis heute – eine bedeutungsvolle Rolle, nämlich im Sichbekreuzigen der Gläubigen. Denn die Christen signierten sich, wohl schon in der zweiten Hälfte des ersten Jahrhunderts nach Christus, mittels eines oder mehrerer Finger ihre Stirnen mit dem »kleinen Kreuz«. Das Sichbekreuzigen galt in vielfacher Bedeutung als Segensgeste, sowohl als Bekenntnis des Glaubens wie als Schutz vor dämonischen Einflüssen. Durch das Sichbekreuzigen wurde nach Ansicht der Christen der ersten Jahrhunderte nicht nur die einzelne Person, sondern alle Dinge und Gestalten der Schöpfung dem Schutze durch Jesus Christus unterstellt.

Allerdings wurde die Applikation des Kreuzzeichens auf die Stirn – im Gegensatz zur mittelalterlichen Praxis – nicht von Worten begleitet. Doch als im Laufe der Zeit das Bedürfnis entstand, dies einzigartige Heilszeichen zu erweitern und es darum dreifach, nicht nur auf die Stirn, sondern auch auf Mund und Brust zu zeichnen, da wurde es auch mit heiligen Formeln begleitet. Die älteste derselben bestand aus den schlichten Worten: »signum crucis« oder »in nomine Jesu« und schließlich aus der bis heute gebräuchlichen Formel: »Im Namen des Vaters, des Sohnes und des Heiligen Geistes.« Allerdings steht letztere in einer rhythmisch unbefriedigenden Spannung von Wort und Zeichen – die beiden sind, wenn auch in guter Absicht, willkürlich aufeinander bezogen. Schließlich wurden die drei kleinen Kreuze auf Stirn, Mund und Brust mehr und mehr vom »großen lateinischen Kreuz« verdrängt, das von der Stirn zur Brust und von der linken zur rechten Schulterseite (im Bereich der griechisch- und russisch-orthodoxen Kirche jedoch von rechts nach links) gezeichnet wird. Die symbolischen Deutungen dieser Gebärde stammen freilich erst aus späterer Zeit – denn ursprünglich hat man sich unreflektiert gleichsam in diese wie in einen Schutzmantel gehüllt. Eine der symbolischen Aufschlüsselungen stammt von Papst Innozenz III. und lautet: »Wenn wir mit der Hand von der linken zur rechten Schulter fahren, dann deswegen, weil wir vom Elend zur Glorie gehen, wie Christus vom Tod zum Leben und von der Unterwelt zum Paradies gelangt ist.«

Diese früheste christliche Gebärde des Glaubens fand bereits im 2. Jahrhundert Eingang in die Liturgie. Ursprünglich signierte sich nur der Bischof, der dem Gottesdienst vorstand, mit dem kleinen Stirnkreuz, bevor er das Evangelium verkündete und das heilige Mahl ausspendete. Aber auch in der Liturgie wurde das einfache Stirnkreuz allmählich zuerst zum dreifachen, dann zum großen lateinischen Kreuz ausgeweitet. Das Sichbekreuzigen der Bischöfe und Priester nahm aber im Laufe der Gotik und der Barockzeit ein solches Ausmaß an, daß dadurch diese große seelenstärkende Geste mehr und mehr sinnentleert wurde. Erst die Liturgiereform des Zweiten Vatikanischen Konzils setzte diesem Mißbrauch ein Ende.

Wenn auch die Selbstbekreuzigung als Segensgeste bereits in vorchristlicher Zeit bekannt war, so hat sie ihre tiefere Bedeutung und reiche Ausgestaltung erst in Verbindung mit dem christlichen Glauben erhalten. Allerdings stammt die Annahme, das Kreuzzeichen sei eine Erinnerung an das Todeskreuz von Golgotha, erst aus späterer Zeit. Denn ursprünglich repräsentierte das Kreuz nach dem alten Glauben das »Zeichen des Menschensohns«, der auf den Wolken des Himmels zum Gericht und zur Wiederherstellung der Welt erscheinen werde. Diese frühchristliche Hoffnung fand ihren Ausdruck sowohl im Kreuzzeichen wie im Sichbekreuzigen. Jedenfalls war die Praxis des Sichbekreuzigens schon in den ersten christlichen Jahrhunderten derart verbreitet, daß dadurch der Spott der Heiden herausgefordert wurde: So nannten sie anfangs des 3. Jahrhunderts die Christen höhnisch crucicolae, das heißt Kreuzmacher. Die Hochschätzung und Häufigkeit der Selbstbekreuzigung geht zudem deutlich aus Worten Tertullians hervor, die er um das Jahr 302 niederschrieb: »Bei jedem Schritt und Tritt, bei jedem Ein- und Ausgang, beim Ankleiden und beim Anlegen der Schuhe, beim Waschen, Essen, Lichtanzünden, Schlafengehen, Niedersitzen und andern Tätigkeiten, die wir ausüben, drücken wir das Siegel des Kreuzes auf unsere Stirn.« Ähnlich äußert sich Cyrill von Jerusalem in seinen Katechesen: »Machen wir das Kreuzzeichen auf alles, auf das Brot, das wir essen, über den Kelch, den wir trinken. Machen wir es beim Kommen und Gehen, vor dem Schlafe, beim Niederlegen und Aufstehen, beim Gehen und Ruhen.« »Denn«, so schreibt Tertullian, »der Leib wird (mit dem Kreuz) bezeichnet, damit die Seele befestigt werde.«

Wie alles, was der Mensch gestaltet, hat auch das Sichbekreuzigen einen Doppelsinn, nämlich sowohl exoterische, d.h. praktische, wie esoterische, d.h. geistige Bedeutung. Beide sind in der Kreuzgeste unlösbar miteinander verwoben. Der Grund hierfür mag darin zu suchen sein, daß sich etwa hinter der Stirnmitte (wenn auch tiefer im Gehirn gelegen) ein wichtiges Nervenzentrum befindet (anatomisch die Hypophyse – eine der Schaltstellen des vegetativen Nervensystems). Erst durch die Aktivierung dieses Stirnzentrums (sei es durch die Berührung mit dem Finger oder durch Meditation) nimmt der Mensch die ungetrübte Wirklichkeit ohne den Schleier des Wunschdenkens wahr. Die Wirkmächtigkeit dieses Stirnzentrums war allen Hochreligionen, wenn auch unter verschiedenen Vorzeichen, bekannt, nicht nur den heidnischen, sondern auch der christlichen Glaubenspraxis der Vergangenheit. So galt z.B. im Hinduismus und im Buddhismus das Organ der Stirnmitte als Sitz der »Erleuchtung«, symbolisiert durch eine Perle oder durch das Stirnauge. Beides ist auf gewissen Buddhastatuen deutlich sichtbar wahrzunehmen, als Ausdruck des erlangten, die Gegensätze überwölbenden Einheitsbewußtseins.

Anscheinend ist in unserer Zeit, nach einer langen Periode der Atomisierung des Menschen und seines Bewußtseins, erneut eine Denk- und Erfahrungsweise in Bildung begriffen, welche die Wiedergewinnung des Blickes für die leibseelische Ganzheit ermöglicht. Dieses leiblich in der Stirnmitte zentrierte Bewußtsein kann als das »Christusbewußtsein« bezeichnet werden. Es ist gekennzeichnet durch begierdelose Liebe und zwecklose Erkenntnis. Von diesem Zentrum aus nimmt der unvergängliche Teil unseres Ich (das Selbst) die Fülle der Welt absichtslos wahr, ohne ihr zu verfallen, sie in Liebe umfangend, ohne in sie einzugehen. Dies Christusbewußtsein zu erlangen (das Werden des »Christus in uns«) oder, da es in jedem Menschen, der in diese Welt kommt, wie schlafend vorhanden ist, es zu wecken war die Sehnsucht vieler frühen Christen und auch solcher späterer Zeit in der Hoffnung, dadurch zur Wahrnehmung der göttlichen Wirklichkeit zu gelangen. Ein Mittel hierzu war (ähnlich wie später das ostkirchliche Jesus-Gebet) das Bekreuzigen der Stirnmitte. Diese Geste darf nicht nur als eine symbolische, als Erinnerung an gespendetes und kommendes Heil angesehen werden, vielmehr bewirkt sie bei regelmäßiger Übung die Sensibilisierung des transzendenten Bewußtseins oder des schauenden Denkens. Es ist jedoch keineswegs entscheidend, ob die frühen Christen oder jene späterer Zeit sich der Wirkung ihres Gestus bewußt waren. Das Stirnkreuz bedeutete für sie zwar gebärdenhafte Vergegenwärtigung des Glaubens, aus dessen Kraft sie lebten und wirkten; doch war es auch ein magisches Schutzzeichen gegen die Sünde und den Satan. Zweifellos hatten die Christen des 1. und 2. Jahrhunderts diese Geste auch bei andern Glaubensgruppen und fremden Völkern bemerkt und wußten darum, daß sie ein Element der universalen Tradition bildete, der sie sich in vertiefter Sinngebung anschlossen. Manche der Deutungen der Geste des Stirnkreuzes (durch Päpste und Kirchenväter) entstammten freilich dem Tagesbewußtsein. Doch gibt es auch vorbewußte Wirklichkeitserfahrungen – Platon bezeichnet sie als Seinserinnerungen –, die den Menschen, ohne Rekurs auf rationale Begründungen, zum rechten Tun anleiten.

Der Mensch weiß eben mehr, als er weiß; sein Wesen ist »tiefer als der Tag gedacht«. Darum ist die Geste des Stirnkreuzes sowohl die Frucht eines Urwissens als eines Wissens (Gnosis) um die Mysterien Christi. Auch wenn im Laufe der Entwicklung des christlichen Glaubens die universale Bedeutung des Stirnkreuzes allmählich vergessen wurde, wirkte diese in der Weise eines opus operatum so lange unterbewußt fort, bis sie heute wieder bewußt geworden ist.

Wenn wir uns aber weiter auf die Bedeutung der Geste besinnen, so ergibt sich: Die Gebärde ist nicht dem Wort erst nachträglich zugefügt, sie ist vielmehr etwas Urtümliches und nicht aus einer Konvention abgeleitet. Vielmehr ist sie »gehandeltes Wort«. So ist z.B. die Gebetsgebärde älter als das formulierte Wort. »Das erste Wort war die Gebärde« (van der Leeuw). Jedenfalls ist die Geste oder die Gebärde ein unmittelbarerer und spontanerer Ausdruck als das Wort. Nur der Schrei ist ebenso spontan, wenn auch auf andere Weise als diese. In der Gebärde wirkt sich das gesamte vom Geiste geleitete Muskel- und Nervensystem, der ganze leib-seelische Mensch aus, um die Bewegungen der Seele und des Geistes sichtbar werden zu lassen. Durch die Geste gelangt das Innerste zum sichtbaren Ausdruck. So gibt es Gesten der Ehrfurcht, der Liebe, der Sehnsucht, des Abscheus, der Angst, des Verlangens, des Schutzbegehrens und -gewährens, Gebetsgesten, sei es das Erheben der ausgebreiteten Arme dem Himmel entgegen oder das Falten der Hände. Selbst der von äußerer Wirklichkeit abstrahierende Buddhismus verfügt über eine Fülle von Gesten für die Darstellung der Stufen der Meditation. Denn Äußeres ist Mitteilung innerer Zustände: Die Gebärde ist offenbarend. Darum beginnt der Bericht vom Schöpfungswerk im Alten Testament mit einer umfangenden, weltweiten Geste: Der Geist schwebte über dem Urstoff der Schöpfung. Auch gibt es Gebetsgesten, die von den Menschen unmittelbar verstanden werden: so z.B. die Kniebeugung als Geste der Verehrung, das Pochen an der eigenen Brust als Gestus der Buße, die Handauflegung als Geste des Heilens und der Aussendung, die Umarmung als solche der Liebe und des Einsseins. Auch das Sichbezeichnen mit dem älteren »kleinen« oder dem späteren »großen« Kreuz ist eine unmittelbar einleuchtende Geste von großer Ausdruckskraft.

Jedoch genügt es nicht, sich das Kreuz nur innerlich vorzustellen – auch wenn dies durchaus möglich und einprägsam sein mag. Denn durch die Geste findet die Entäußerung des Inneren, die Offenbarung des Verborgenen statt. Es ist aber notwendig, daß das Geistige, das uns ergreift, leibhaft in Erscheinung trete – ist doch »das Ende der Wege Gottes Leiblichkeit« (Fr. Oetinger). Der Geist bedarf der Stofflichkeit, um sich auszuzeugen. Darum ist uns aufgetragen, das, was in schwebender Erscheinung lebt, Gestalt werden zu lassen, auf daß der Geist, das Innere des Menschen und der Welt, prüfend und heilend unter den Menschen zu wirken vermag.

Gewiß ist es sinnvoll, daß die Kirche das Kreuz, das Urzeichen des Göttlichen, der Schöpfung und des Menschen, in zahllosen Weisen und Materialien darstellen ließ. Aber weitaus wichtiger als die Ausformung des Kreuzes im toten Stoffe ist seine Einprägung in den lebendigen Leib durch die Geste des Sichbekreuzigens. Denn diese vermittelt dem sie Übenden jene heile Weltordnung, die inmitten der empirischen Unordnung verborgen ist. Weil aber das Kreuz das Zeichen reinster Gestalt und schöpferischer Ordnung darstellt, kann sein Sinn nur dann zum Ausdruck kommen, wenn es im »Maß der Gerechtigkeit« sorgfältig dem Leibe aufgetragen wird. Darum mahnt Romano Guardini mit Recht: »Machst du das Zeichen des Kreuzes, so mache es recht. Kein solch verkrüppeltes, hastiges, bei dem man nicht recht weiß, was es bedeuten soll. Nein, ein rechtes Kreuzzeichen, langsam, groß, von der Stirn zur Brust, von einer Schulter zur andern. Fühlst du, wie es dich ganz umfaßt? Sammle dich recht. Alle Gedanken und dein ganzes Gemüt sammle in dies Zeichen, wie es geht von der Stirn zur Brust, von Schulter zu Schulter. Dann fühlst du es: Ganz umspannt es dich, Leib und Seele, nimmt dich zusammen, weiht dich, heiligt dich. Warum? Es ist das Zeichen des Alls und ist das Zeichen der Erlösung. Durch das Kreuz heiligt Jesus den Menschen, ganz bis in die letzte Faser seines Wesens.«

»Darum machen wir es vor dem Beten, damit es uns ordne und sammle, Gedanken und Herz und Willen in Gott fasse. Nach dem Gebet, damit in uns bleibe, was Gott uns geschenkt hat. In der Versuchung, daß er uns stärke. In der Gefahr, daß er uns schütze. Beim Segen, daß Gottes Lebensfülle hereingenommen werde in die Seele und alles darin befruchte und weihe.«

»Denke daran, sooft du das Kreuzzeichen machst. Es ist das heiligste Zeichen, das es gibt. Mache es recht: langsam, groß, mit Bedacht. Dann umfaßt es dein ganzes Wesen, Gestalt und Seele, deine Gedanken und deinen Willen, Sinn und Gemüt, Tun und Lassen, und alles wird darin gestärkt, gezeichnet, geweiht, in der Kraft Christi, im Namen des dreieinigen Gottes.«

Mit diesem kleinen Exkurs beginnt Romano Guardini sein schlichtes Büchlein »Von heiligen Zeichen«. Damit ist Wesentliches über das Kreuzzeichen für die Gegenwart gesagt: seine sammelnde, menschenbildende Kraft als Zeichen des Alls und der Erlösung. Guardini geht jedoch in seiner Anweisung nicht vom kleinen Stirnkreuz, sondern vom Kopf und Oberkörper verbindenden großen Kreuz aus, das seit Jahrhunderten derart vorherrschend ist, daß das ursprüngliche kleine Kreuz heute zu Unrecht nur wie eine Verkürzung, ein Diminutiv des großen erscheint.

Was ereignet sich nun, wenn jemand sich selbst mit dem großen Kreuz bezeichnet und hierzu von der Stirn zur Brust und von der linken zur rechten Schulterseite fährt? Es ist aufschlußreich, daß diese Kreuzgebärde an der Stirn beginnt. Das Kreuz des Christen hat seinen Ursprung »oben«, mögen wir dies als »Himmel«, Überwelt oder als impulsgebendes Bewußtsein verstehen. Die Sinnen-Welt ist, obwohl von unten aufwachsend, von oben her gestiftet; ihr Urbild ist als göttlicher Keim in das Erdreich eingesenkt. Aller Anfang ist oben, das Ganze ist vor den Teilen, das Vollkommene umfängt alle Funktionen. Es ist darum bedeutungsvoll, wenn bei der Berührung der Stirn an Gott-Vater erinnert wird. Denn dort ist der Sitz (symbolisch oder faktisch) des schöpferischen Bewußtseins, hier entspringt aus dem Dunkel des Chaos die Gestalt und das Licht. Nur hier, »im Anfang«, ereignet sich Theoria, d.h. die Über- und Vorschau über jegliche Gestaltwerdung. Hier im Stirnzentrum befindet sich die geistige Wurzel, aus welcher der Lebensbaum hervorwächst. Die frühen Christen haben sich mit dem »kleinen Kreuz« ganz dieser »oberen Wurzel« zugewandt. Die Welt mit ihren tausendfachen Schönheiten wurde für sie in dieser Geisteshaltung unwesentlich, das Reich Gottes, das nicht von dieser Welt ist (d.h. nicht aus dem physischen Weltgesetz stammt), war für sie die einzige Wirklichkeit, die sie zu befestigen, zu realisieren trachteten. Daher die Beschränkung auf das Stirnkreuz. Als sich aber die Kirche über den Erdkreis ausbreitete und es ihre Aufgabe wurde, diesen geistig zu durchdringen, entfaltete sich folgerichtig aus dem kleinen das große Kreuz, in dem die Welt unter dem Siegel Gottes miteingeschlossen ist.

Von der Stirn fährt die zeichnende Hand zur Brust, auf diese Weise die Vertikale des Kreuzes konstituierend, indem sie den »Himmel« mit der »Erde« verbindet. Es entsteht dadurch ein Strahl von oben, der wie ein Blitz zur »Erde« zuckt, sich mit ihr verbindet und sie befruchtet. Dies ist der Kreuzstamm des Schöpferischen: Aus dem Zusammenwirken von Himmel und Erde ist alles hervorgegangen.

In der Mitte des Brustbeins befindet sich der Schnittpunkt der beiden Kreuz-Balken. Hier durchdringt die Horizontale die Vertikale und vereint sich für einen Augenblick punktförmig mit dieser – Ausgleich der Gegensätze in Stille und Frieden. Diese Horizontale wird von der zeichnenden Hand gebildet durch deren Führung von der Herzseite zur Lungenseite (die als solche zu bezeichnen ist, auch wenn sich die Lunge zu beiden Seiten der Symmetrieachse erstreckt, sie muß jedoch links den Ort mit dem Herzen teilen). Dadurch werden Herz- und Lungenfunktion, werden Blut- und Atembewegung miteinander verbunden.

Da aber das Herz ein Realsymbol für das Feuer, die Lunge dasjenige der Luft bedeutet, entsteht gleichsam aus »Feuer« und »Luft« »warme Luft«, die aufsteigt – sie ist die Voraussetzung für das Gedeihen aller Geschöpfe. Auf diese Weise hat sich das »Kreuz« der Elemente gefügt – nun kann es in den Bewußtseinsleib integriert werden. Es ist gefügt aus: Stirn – zeugende Kraft des Wassers –, Brust – empfangende Erde –, Herzseite – durch Leidenschaften wärmendes Feuer –, Lungenseite – die alles verbindende Luft. Diese vier Grundelemente alles Lebendigen und Gestalthaften entsprechen auch den seelischen Grundhaltungen: der schöpferischen Autorität (Expansion), der Annahme des schöpferischen Impulses (Konzentration), den Emotionen, welche die Entwicklung aller Gestaltordnung vorantreiben (Dynamik) und dem ausgleichenden harmonisierenden Prinzip (Entspannung). Oder in den kosmischen Formeln und Symbolen der Ezechiel-Vision ausgedrückt:

Das Schöpferische
Wasser
Skorpion

Luft
Wassermann
Ausgleich

Feuer
Löwe
Dynamik

Stier
Erde
Das Empfangende

Indem wir unsern Leib mit diesem »großen Kreuz« bezeichnen, erinnern wir uns an jenen Grundbestand des Seins, das uns bewirkt hat, uns erhält und uns den Wiederaufstieg zum Ursprung alles Werdens, zur göttlichen Welt

erhoffen läßt. Denn das Kreuzzeichen ist das Signum sichtbar gewordener immanenter Ordnung – jedoch nicht einer von uns postulierten, sondern jener grundlegenden, auf der wir beruhen. Denn in der Kreuzordnung ist jede Willkür ausgeschlossen, ein jedes Teil ist an seinem legitimen Ort und in Verbindung mit allen andern. Durch das Kreuzzeichen bekennen wir nicht nur, sondern vollziehen wir bereits: Dein Wille geschehe. Wir stimmen diesem zu und befinden uns dadurch in Übereinstimmung mit Gott und seinem Willen.
Das Kreuzzeichen ist ein Zeichen der Ordnung, es gibt uns Anweisung, wie und wann wir unsere Kräfte freizusetzen vermögen, wann wir sie aber auch zu binden haben. Darum hat das Sichbekreuzigen auch eine eminent praktische Bedeutung. Es leitet dazu an, die Identität mit uns selber zu finden und zu bewahren, um dadurch fähig zu werden, auf die Stimme der Weisung zu hören. Darum ist es heilsam, sich morgens beim Aufstehen mit dem Kreuze zu bezeichnen, um die im Schlafe entbundenen Sinnes- und Geisteskräfte wieder in einer Mitte zu binden und um in unserm Bewußtsein die Ordnung, die uns erst zu Menschen macht, wiederherzustellen. Ordnung aber bedeutet hierbei: Ein ganzer Mensch zu sein mit allen Sinnes- und Geisteskräften und in doppelter Verwurzelung: im Grunde der Erde und in der Höhe des Geistes. Man sollte darum vor jedem wichtigen Akt des Lebens, des Denkens und Liebens sich mit dem Kreuz bezeichnen, um so imstande zu sein, das Notwendige aus der heilen Ordnung und aus der Mitte, die sie begründet, zu vollbringen.

Die Kreuz-Gebetsgeste

Wie das Kreuzzeichen weist auch die kreuzförmige Gebetshaltung, die in den ersten christlichen Jahrhunderten üblich war, auf Formen und Gebärden vorchristlicher Herkunft. Bei allen Völkern und zu allen Zeiten war das Gebet

Betende Maria. Vergoldete Glasschalen. Rom. 4. Jahrh.

von Gebetsgebärden begleitet, die sich je nach der Art der Religion und des Kulturkreises voneinander unterscheiden. Vor allem sind die Gebetshaltungen im Hinduismus und im Buddhismus sehr ausgeprägt. Die das Gebet oder die Meditation begleitenden Gebärden der Arme und Hände werden in den indischen Religionen »mudras« genannt, was zunächst bedeutet: Siegel, Eindruck, Mal, Körpermal, das sind die Arm-, Hand- und Fingerhaltungen des betenden Menschen. Noch mehr als die Gläubigen des christlichen Westens beten diejenigen der orientalischen Religionen nicht nur innerlich, sondern mit Leib und Seele. Im gesamten Orient – in Resten auch noch in der heutigen christlichen Welt (als Händefalten, als Kreuz-Gebärde des Priesters am Altar) – findet alles Beten seinen Ausdruck in körperlichen Gebärden. Ein Überrest solch vorderasiatischer Gebetshaltungen mitten im Westen ist die für den Ostjuden typische Schaukelbewegung des Oberkörpers beim Beten. Bei den zahlreichen »mudras« der Inder und anderer Völker im Osten werden, im Kniesitz, die Hände entweder vor die Brust gelegt oder ruhen die Arme auf den Schenkeln, die Handfläche nach oben gewandt. Obwohl Buddha den mudras keinerlei Wichtigkeit beigemessen hat, sind sie im Mahayana-Buddhismus, dem sogenannten »großen Fahrzeug«, zu hoher Bedeutung gelangt. Der Sinngehalt der Gestalt des lehrenden oder meditierenden Buddha wird durch eine Reihe mudras, symbolische Handhaltungen mit bedeutungsvollen Fingerstellungen, unterschieden.

Die allgemeinste und bei vielen Völkern in Abwandlungen am meisten verbreitete Gebetsgebärde ist die der zum Gebet ausgebreiteten, mehr oder weniger emporgestreckten Arme und Hände. Entweder werden sie schräg aufwärts erhoben oder seitlich waagrecht ausgestreckt, gerade oder abgewinkelt, die Hände vor allem nach oben, erst später nach vorne gedreht. Beide Haltungen und ihre vielfachen Abwandlungen werden als Typus der »Orantestellung« zusammengefaßt. Bereits in vorgeschichtlicher Zeit er-

scheint diese Orantestellung auf Felsbildern in Spanien, Marokko, in der Sahara, in der Nubischen Wüste wie im Indusgebiet und auf ägyptischen Tempelbildern. Aber auch die Sioux-Indianer, die Massaineger, die Hawaii-Insulaner und die Eskimos kennen diesen Gebetsgestus. Eine der Gathas des persischen Zarathustra beginnt mit den Worten: »Zum Gebet um Unterstützung will ich die Hände ausstrecken.« Die Assyrer und Babylonier bezeichneten diese Gebärde als: die Hände gegen Gott ausstrekken. Auch die Griechen beteten in dieser Weise; als Denkmal hierfür ist besonders der berühmte, mit erhobenen, abgewinkelten Armen und nach oben gewandten Händen betende Knabe zu nennen, eine Plastik des vierten Jahrhunderts vor Christus. Auch die Römer erhoben Arme und Hände, insbesondere, wenn sie zu Jupiter beteten. Selbst der Islam kennt – wenn auch in seiner Frühzeit bekämpft – das Ausbreiten und Erheben der Arme beim Gebet, wobei das Handinnere dem Gesichte zugewandt wurde.
Vor allem aber beteten die Juden des Altertums mit Vorliebe mit ausgebreiteten, zum Himmel oder zum Tempel hin gerichteten Armen und Händen. Vielfach berichten die Psalmen davon, so Ps 134,2: »Hebt eure Hände empor zum Heiligtum«, oder Ps 63,5: »Ich will meine Hände erheben und dich anrufen.« Ja, oft wird geradezu das Händeerheben synonym für Beten gebraucht, so z.B. in Ps 141,2: »Meiner Hände Erheben gelte dir als Abendopfer«, oder Jes 1,50: »Und wenn ihr eure Hände ausbreitet ... und wenn ihr betet ...«. Anscheinend hat man im gesamten Mittelmeergebiet in der Antike die Gottheit mit erhobenen ausgebreiteten Händen angerufen.
Aber das Händeerheben beim Beten erhielt seine tiefste gleichnishafte Bedeutung erst durch den Kreuzestod Christi: Durch sein Kreuz wurde das kosmische Kreuz vermenschlicht zum Weg und zur Abbildung Gottes im Menschen. Zwar sagt der Apostel Paulus noch ganz allgemein in Fortführung der jüdischen Gebetshaltung: »So will ich nun, daß die Männer an jenem Orte beten, indem sie hei-

lige Hände aufheben« (1 Tim 2,8). Selbst der Wüstenvater Makarius antwortet noch auf die Frage, wie man beten solle: »Es ist nicht notwendig, hierbei viele Worte zu machen, es genügt, die Hände erhoben zu halten.« Aber schon bald verstanden die Weisen und Lehrer der alten Kirche die ausgestreckten Arme und Hände des christlichen Beters als leibliche Darstellung des Glaubens und der Hoffnung nicht nur als mit Christus gekreuzigt zu sein, sondern auch mit ihm vollendet zu werden. Denn die Väter waren gewiß, daß das Kreuz weniger ein Zeichen des Leidens, als der Fülle, der Vollendung, des Pleromas, darstellt. Im Kreuz werden Welt und Mensch zu ihrer Ganzheit vollendet, denn das Kreuz ist der »Mutterschoß der Ganzmachung«.

In einer ähnlichen Schau werden in den Acta Vercellenses, einer frühchristlichen, gnostisch beeinflußten Erzählung vom Martyrium des Apostels Petrus, das kosmische und das christliche Mysterium des Kreuzes in Verbindung gesehen mit der Todesart des Apostels. Da er der Überlieferung nach mit dem Kopf nach unten gekreuzigt wurde, wird diese Stellung als Symbol des Sturzes des vorweltlichen Urmenschen und seines Abfalls von Gott gedeutet, den der Apostel durch seine Art des Martyriums sühnt. Der Apostel betet darum: »O Name des Kreuzes, verborgenes Mysterium! O unaussprechliche Gnade, die mit dem Namen des Kreuzes verkündet wird! O Menschennatur, die von Gott nicht mehr getrennt werden kann. Erkennet nun das Mysterium der gesamten Schöpfung und den Beginn aller Dinge, wie es gewesen ist. Denn der erste Mensch, dessen Geschlecht ich in meiner Gestalt darstelle, ist mit dem Kopf nach unten gestürzt.« Hingegen ist in Christus, dessen Werk und Gesinnung der Apostel hier nachahmt und fortsetzt, die Umdrehung der verkehrten Richtung, nämlich der Wiederaufstieg, die Wiederaufrichtung des Menschen erfolgt. Stellt darum das Petrus-Kreuz das Sinnbild des gestürzten Menschen dar, so das Christus-Kreuz dasjenige des wieder aufgerichteten.

Diese Wiederaufrichtung ist darum möglich geworden, weil – so Tertullian in seiner Schrift »Adversus Marcionem« – »der neue König der neuen Äonen allein Macht und Erhabenheit neuer Herrlichkeit auf seinen Schultern trug: das Kreuz nämlich, wie der Prophet sagt: König ist der Herr vom Holze aus.« Um dieser Wiederaufrichtung willen ahmte der Christ der frühen Jahrhunderte im Gebet das Kreuz in seiner Leibesgestalt nach – er erfuhr sich als Wiederaufgerichteter. Darauf weist die 42. der frühchristlichen »Oden Salomons« in einleuchtender Symbolik hin:

Ich streckte meine Hände aus und nahte mich meinem [Herrn;
denn das Ausstrecken meiner Hände ist sein Zeichen.
Und mein Ausstrecken ist das ausgestreckte Holz,
das errichtet wurde auf dem Wege des Aufrichtigen.

Auch Tertullian deutet die Gebetshaltung der frühen Christen als eine Verleiblichung des Kreuzes. Er schreibt: »Wir erheben unsere Hände nicht nur, sondern wir breiten sie auch aus, weil wir unschuldig sind, mit entblößtem Haupt, weil wir nicht zu erröten brauchen, ferner ohne Vorbeter, weil wir aus dem Herzen beten. So formen wir unsere Gestalt nach dem Herrenleiden und bekennen uns, wenn wir beten, zu Christus dem Gekreuzigten ... Unsere Hände (die wir erheben) sind rein, da wir sie einmal mit dem ganzen Leib in Christus (in der Taufe) gebadet haben« (De Oratione).

Der Mensch soll also, wenn er Gott naht, mit seinem ganzen Leibe das Kreuz nachahmen, denn »im Kreuz ist Heil« – es ist der Weg der Ganzdarbietung an Gott und zugleich der Weg der Menschwerdung. Jedoch soll der Mensch nicht das Kreuz anbeten, sondern selber zum Kreuz werden. Denn im Kreuz sind Gott und Mensch, oben und unten, links und rechts, die zerstückelte Welt wieder vereint und das gestörte Gleichgewicht von Gott und Welt wiederhergestellt.

Im Laufe des 2. Jahrhunderts nach Christus erscheint die

christliche Kreuz-Gebetshaltung ungemein häufig im Typus der Orante, einer die Arme betend nach oben erhobenen Frauengestalt, die durch Umschrift oftmals als die Vorbeterin Maria oder als die Kirche gekennzeichnet ist. Freilich wird dieser nur im Christlichen so ausgeprägte Bildtypus von den Forschern verschieden gedeutet, so z. B. als »Bild der in der Seligkeit weilenden Seele des Verstorbenen, welche für die Hinterbliebenen betet« (Wilpert). Der Gestalttypus der Orante findet sich häufig in der Katakombenmalerei mit erhobenen, leicht geknickten Armen und nach oben gestreckten oder wie der Gekreuzigte mit nach vorn gekehrten Händen. Es ist dies ganz allgemein der Typus des christlichen Beters oder der betenden Kirche.

Der Typus der kreuzförmig betenden Orante verschwand jedoch allmählich im Laufe des ersten christlichen Jahrtausends aus der christlichen Kunst und der Gebetspraxis; diese ausladende antike Gebetsgeste wurde im Mittelalter immer mehr eingeschränkt. Die Geste der vertrauensvollen Zuwendung des Sohnes zum Vater, Ausdruck des freigesprochenen, erlösten Menschen vor Gott, wie dieser in der Gestalt der Orante symbolisiert wurde, wich mehr und mehr derjenigen des demütigen »gefesselten« Frommen, der die Anbetung kniend und mit gefalteten Händen darbringt. Nur der Priester am Altare durfte die altchristliche Kreuz-Gebetshaltung beibehalten. Diese Wandlung der Gebetsgebärde hängt zweifellos zusammen mit der weitgehenden Veränderung der Kirchenstruktur und der Stellung des Laien in der Kirche: Es kam zu einer immer schrofferen Scheidung des Klerus von den Laien. Ausdruck hierfür war die Einrichtung des Lettners, der den Priesterchor vom Schiff der Laien trennte, die Verweigerung des sakramentalen Weines und Einführung des Kniens als Gebetshaltung im Gegensatz zur orthodoxen Ostkirche, in welcher das antike Stehen im Gottesdienst bis heute beibehalten wird. Es ist durchaus möglich, daß das Knien, Ausdruck der Unterwürfigkeit als christliche Gesinnung, auf germanische Einflüsse zurückzuführen ist. Denn im Süden, z.B. in Italien, hat man länger als im Norden dieser neuen Sitte widerstanden. So hat im 9. Jahrhundert ein Abt von Monte Cassino das Knien in der Kirche als eine bedauerliche Abweichung vom altchristlichen Brauch angeprangert.

Ebenso ist wahrscheinlich auch die Sitte des Händefaltens beim Beten germanischer Herkunft. Der Vasall oder Gefolgsmann hielt bei der Belehnung seine gefalteten Hände dem Lehnsherrn hin, der sie als Zeichen der Gewährung mit seinen Händen umschloß. Darum ist die Gebetsgeste der gefalteten Hände Sinnbild eines Dienstes, zu dem der Vasall sich verpflichtet weiß. Das Verschränken der Finger beim Händefalten ist noch einmal mehr eine Gebärde der Fesselung: »Herr, mach mich frei, erlöse mich«. Darum läßt sich aus der Wandlung des Gebetsgestus die tiefreichende Wandlung im Verständnis der Erlösung und des geschenkten Heils ablesen. Im Laufe der Kirchengeschichte ist das freie Stehen der Gottesfreunde vor Gott – dargestellt durch die aufrechte Kreuzeshaltung – vom Knien und Händefalten der Untertanen (auch im kirchenrechtlichen Sinn) abgelöst worden. Einst kündete die Kreuz-Gebetshaltung: Wir sind Erlöste, wir öffnen uns mit befreiter Brust dem Einströmen des göttlichen Lichtes, dem wir uns darbieten. Dann aber krümmten sich die Frommen gleichsam zusammen, um Erbarmen flehend.

Gerade weil die freie Kreuzeshaltung beim Gebet mit ausgestreckten oder erhobenen Armen sowohl aus räumlichen wie aus allgemein psychologischen Gründen in unserer Zeit wohl kaum mehr wiederherzustellen ist, hat deren Einübung in der Kreuzmeditation besondere Bedeutung. Denn dadurch wird ein heilsames geistiges Gut in den leibseelischen Bereich des Menschen wieder einbezogen und der ganze Mensch zu seiner Berufung erweckt. Kann auch die Kreuzeshaltung kaum mehr Gebetshaltung werden, so doch, zuerst eingeübt und dann dem geistigen Leib eingeprägt, eine Lebenshaltung.

Vorbereitende und begleitende Übungen

Vom Atmen

Ohne Regelung des Atems ist keine Meditation wirksam durchzuführen – auch nicht die Kreuzmeditation. Doch benötigt diese keine komplizierte Atemtechnik, sie vertraut der »Meditation des ganzen Menschen«. Das will sagen: Wenn die Glieder und Organe des Menschen, aus ihrer Vereinzelung befreit, im Bewußtsein als eine neue Ganzheit erstehen, so daß der Meditierende die eine Lebenskraft, die alles durchwaltet, verspürt, wird sich als Reflex davon von selber der rechte Atem einstellen. Dann wird der Übende weder unwillkürlich aus schlechter Gewohnheit noch absichtlich atmen, sondern er erfährt: Es atmet in mir. Ist die Lösung aller Muskeln, Sehnen und Gelenke vollzogen, so beginnt es im Übenden von selber zu atmen. Bis es aber dahin kommt, beobachtet er den Atemvorgang – durch das bewußte Beobachten verändert sich dieser –, er wird ruhiger und rhythmisch gleichmäßiger. Vor allem aber sollte auf ein intensives Ausatmen geachtet werden, dies ist die Grundlage des Atmens – das Einatmen geschieht dann ohne eigenes Zutun notwendigerweise. Dies ergibt den unverstörten, natürlichen Atemrhythmus, der einen Vierertakt aufweist: zwei Takte lang ausatmen, einen Takt im Ausatmen verweilen, einen Takt lang einatmen. Allerdings sollte allmählich die von den meisten heutigen Menschen unbewußt praktizierte Brustatmung durch die Zwerchfellatmung abgelöst werden. Dies würde Rückkehr zur natürlichen Art der Atmung bedeuten, wie sie noch Kindern eigentümlich ist. So atmen auch Erwachsene im Schlaf und wiederum Menschen, die beruflich in besonderer Weise mit der Sprache umgehen, wie Schauspieler, Redner, Lehrer usw. Die Zwerchfellatmung ist für den Atem etwas Ähnliches wie die Lösung für die Muskeln und Knochen. Es ist hierfür hilfreich, nach dem Aufwachen, noch im Bett liegend, seinem Atem nachzuspüren und das Zwerchfellatmen des Schlafzustandes nachahmend ins Tagesbewußtsein überzuführen.

Übungen im Liegen

Wie bereits im dritten Teil erwähnt, werden im Zusammenhang mit der Kreuzmeditation die Übungen im Liegen »begleitende« oder auch »vorbereitende« genannt. Denn sie bereiten den Körper auf die eigentlichen Meditationsübungen vor – lösen ihn, machen ihn geschmeidig und fähig, die Einfühlung durchzuführen. Diese Übungen im Liegen können zwar erweitert, aber nicht dezimiert, jedoch gelegentlich durch ähnlich wirksame ausgewechselt werden. Einige von ihnen sollten vor jeder Meditationsstunde praktiziert werden. Jedoch können einige auch ohne Zusammenhang mit der Kreuzmeditation durchgeführt werden. Selbst dann wirken sie befreiend, lösend; sie vermitteln einen Zustand des Beisichseins, der inneren Ruhe und der Erquickung nach geistigen und physischen Anspannungen. Benötigt werden: Wolldecke, leichte, nicht beengende (Trainer- oder ähnliche) Kleidung, Wollsocken. Der Raum sollte mäßig warm, d.h. weder überhitzt noch völlig kalt sein.

1. Übung: Wir liegen flach am Boden auf der Wolldecke, die Beine in geringem Abstand von einander, die Zehen fallen nach außen, die Arme liegen locker neben dem Oberkörper, die Hände ruhen mit der Innenseite auf dem Boden. Nun spüren wir die Schwere unseres Körpers, wie er auf dem Boden lastet, wir spüren in unserer ganzen Länge und mit allen Gliedern den Kontakt mit dem Boden – das Getragenwerden und Eingebettetsein. Zugleich bemerken wir, welche Teile unseres Körpers Widerstand leisten oder den Bodenkontakt nicht empfinden. Wir kontrollieren alle Glieder, vom Kopf aus beginnend: Wie empfinden diese den Kontakt – der Kopf, der Rücken, die Beckengegend, Ober- und Unterschenkel, die Fersen? Durch die Kontaktkontrolle verändert sich das Empfinden des Körpers.

Welche seiner Teile empfinden wir jetzt anders und wie? Immer wieder den Körper im ganzen fühlen.

2. Übung: Strecken und Dehnen. Die Füße nicht vom Becken, sondern von den Fersen aus, nach vorne schieben, soweit nur möglich, und zugleich den Kopf nach hinten strecken – dadurch wird die Wirbelsäule gelockert und ausgespannt. Überaus wohltätige doppelte Streckung nach vorne und hinten als Kontaktnahme mit der weiteren Umgebung; den Körper als Raumgebilde erfahren.

3. Übung: Die Streckung beibehalten – hinzu kommt das Ausstrecken der Arme in die Horizontale, so weit vom Körper weg als nur möglich. Damit entsteht zum ersten Male die Kreuzform als Erfahrung des in den Raum Ausgespanntseins.

4. Übung: Beide Arme aus der Kreuzhaltung am Boden langsam in die Senkrechte erheben, so daß sie schließlich parallel über der Brust stehen, sie bis zum äußersten ausstrecken, als ob sie sich an darüber befindlichen Schaukelringen hinaufziehen wollten. Wirkt auf das obere Kreuz.

5. Übung: Rückenlage wie bisher, jedoch Beine vom Becken aus gebeugt aufstellen – dies drückt das untere Kreuz zu intensivem Kontakt an den Boden. Nun versuchen, die ganze Wirbelsäule und Wirbel für Wirbel zu spüren.

6. Übung: Bauchlage. Arme in Ruhestellung. Kopf und Hals so weit als möglich nach hinten beugen, ebenso die Oberschenkel von den Hüften aus, so daß eine Art Halbmond entsteht. Zur Lockerung und Beweglichkeit der Kreuze.

7. Übung: Rückenlage, die Arme in Kreuzhaltung ausgestreckt. Langsam die beiden nah beieinander befindlichen Beine über den Rumpf nach hinten beugen, so daß die Wirbelsäule abgerollt wird und Wirbel für Wirbel zu spüren ist. Wer viel geübt hat und/oder flexibel ist, kann die Beine bis über den Kopf erheben, so daß sie hinter oder neben diesem wieder den Boden berühren.

8. Übung: Rückenlage, Drehung von Hals und Kopf nach links oder rechts, so daß jeweils eine Gesichtsseite den Boden berührt.

9. Übung: Rückenlage. Drehung des Rückens. Die Schultern z. B. nach rechts drehen, das Becken bzw. die Schenkel nach links überschlagen, so daß eine Gegenbewegung entsteht und die Wirbel sich zu drehen beginnen – das gleiche ebenso umgekehrt.

Übungen im Stehen

10. Übung: Die Beine in Hüftbreite (Sitzhöckerbreite) fest auf dem Boden, Arme gelöst hängend, Schultern gegen die Ohren hochziehen und fallenlassen.

11. Übung: Kleine Grätschstellung, Hände hinter dem Nacken verschränken, Oberkörper langsam nach links und nach rechts drehen. Beim Drehen nach links den linken, nach rechts den rechten Ellenbogen nach rückwärts dehnen.

12. Übung: Kleine Grätschstellung, Arme schräg nach oben erheben und zugleich durch die Nase einatmen, dann den Rücken beugend die Arme nach vorne hängenlassen und zugleich durch den Mund ausatmen.

13. Übung: Kleine Grätschstellung, Hände hinter dem Nacken verschränken. Den Oberkörper langsam nach links und nach rechts seitwärts beugen, ohne diesen hierbei abzudrehen.

14. Übung: Ähnlich wie Übung 8, langsam den Hals zuerst links, dann rechts auf die Schulter sinken lassen, jedoch so, daß die Nase immer vorne bleibt, d. h. den Kopf dabei nicht drehen.

15. Übung: Kopf und Schulter in Gegenrichtung bewegen, z. B. Kopf nach links drehen, Schultern nach rechts und umgekehrt.

All diese Übungen sind nur eine Auswahl aus vielen ausgezeichneten – die Reihe kann darum erweitert werden. Von Wirkung sind diese Übungen jedoch nur, wenn sie mehrfach hintereinander wiederholt – etwa 3–12mal – und wenn sie möglichst jeden Tag unternommen werden.

Anregungen für die Praxis der Meditation

1. Vorbedingung für jegliche Art der Meditation sind: möglichst reine Luft, Stille oder ein Minimum von Geräuschen, ein Raum von neutralem Charakter, weiß, grau oder hellgelb gefärbt, keinerlei Bilder, kein direktes Sonnenlicht, sondern kühles, diffuses Licht. Im Dunkeln sollte nicht meditiert werden.
2. Jeglicher Art von Meditation sollte psychische und leibliche Entspannung oder Lösung vorausgehen (eutonische Übungen nach Gerda Alexander, Entspannungsmethode von Jakobsen u. a.). Entspanntes Sitzen und Lockerung der Glieder ist notwendig, denn Meditation setzt die leibliche Präsenz voraus. Die körperliche Entspannung wirkt sich auf den Zustand der Psyche aus und bereitet durch aktive Tonusregulierung die rechte Verfassung für die Meditation vor.
3. Auch der Atem sollte reguliert werden, nicht durch komplizierte Atemübungen, sondern durch Bewußtwerdung des Atemvorgangs und durch dessen Rhythmisierung.
4. Durch Entspannung (Lösung) und Atemregulierung verschiebt sich die Sensibilität aus der Hautregion in die innern Regionen, der Meditierende wird wacher und sensibler für die Regungen seiner inneren Welt. Aber zugleich wird er unempfindlicher gegen die Reizungen der Umwelt. Die psychische Energie kehrt die Richtung ihrer Wirkung um: Sie fließt nicht mehr von innen nach außen, sondern sammelt sich aus der Außenwelt ins Innere.
5. Jede Meditation beginnt und endet mit Schweigen. Das Schweigen dient nicht nur der Sammlung des zerstreuten Geistes, sondern auch seiner Reinigung: die erste Stufe des Aufstieges zur Mitte. Schweigen ist kein Verstummen, sondern Erfahrung der Präsenz des Lebendigen. Aber auch das Schweigen muß gelernt werden: Es gibt Stufen des Schweigens.
6. Die Leitformen und -bilder für die Meditation müssen einfach sein. Sie dürfen nicht zum Denken verführen, denn der Meditierende soll ja gerade den Bereich des dis-

kursiven Verstandes verlassen – er »sinkt oder steigt« ins bisher Unbetretene. Bild oder Formel (Mantra) darf erst gewechselt werden, wenn das Bewußtsein gänzlich davon durchtränkt und dadurch auch das Unbewußte überbildet und gewandelt ist. Dies kann je nach der Artung des Meditierenden und dem Ausmaß der Übungen tage- oder wochenlang dauern. Erst wenn der Meditierende eine Veränderung seines Empfindens und Wahrnehmens gewahrt, wird es sinnvoll und fruchtbar, einen weiteren Impuls folgen zu lassen. Hierzu ist jedoch eine von außen kommende Kontrolle notwendig – durch einen Lehrer, Meister oder Therapeuten. Ohne solche Kontrolle ist die Gefahr groß, durch Selbsttäuschung in die Irre zu gehen.

7. Im Gegensatz zu den östlichen Meditationstechniken bedarf es im Westen keiner rituell festgelegten Sitzhaltung. Aus der Tradition des Westens ist darum das Sitzen auf einem harten Stuhl, mit oder ohne Rücklehne, am geeignetsten und am zuträglichsten. Jedoch sollte eine einmal gewählte Meditationshaltung nicht gewechselt werden. Auch sollten alle Teilnehmer unbedingt die gleiche Haltung einnehmen.

8. Wenn der Meditierende seine Übung jeweils mit einem kurzen Dankgebet beschließt, so mehrt er den Frieden seiner Seele.

9. Meditation ist weder ein Spiel noch harmlos. In ihrem Verlauf zeigt sich der wirkliche, oft bewußt oder unbewußt verdeckte innere Zustand des Menschen. Dies kann fürs erste erschreckend wirken und zu Krisen führen. Aber Krisen sind als Reifungsprozesse notwendig. Jedoch kann es dabei zu solch großen Erschütterungen kommen, daß der Übende die Meditation unterbrechen oder gar gänzlich beenden muß. Denn im Freilegen des Untergrundes (was freilich nur ein Akt des meditativen Prozesses ist) steigt zugleich auch das Unbewältigte oder Verdrängte, das vom Licht Abgewandte ins Bewußtsein. Das aber muß durchlitten und im Laufe der Meditation bewältigt, d.h. aufgelöst werden.

Tabelle der Fehlhaltungen in positiver und negativer Deutung

Die beiden »Stäbe« des Kreuzes sinnbilden, wie bereits dargelegt, sich in ihrer Vereinigung einander durchkreuzend, den »ganzen Menschen«. Das regelmäßige, sich nach den vier Seiten gleichartig erstreckende Urkreuz stellt dann den vollkommenen, idealen Menschen dar, den Urmenschen oder den künftigen Übermenschen. Jedoch der empirische Mensch wird niemals diese ideale Verfassung aufweisen – er befindet sich stets in einer »Abweichung« vom Urbild des Kreuzes und des Menschseins. Und eben dies ist der Grund und die Ursache seiner Individualität, die zwar einmalig und unwiederholbar, aber auch leidvoll ist. Jeder Mensch ist darum, unter dem Sinnbild des Kreuzes betrachtet, ein »verschobenes Kreuz«, dessen Stäbe ungleich betont sind. Diese Ungleichheit der beiden Stäbe und die Verzerrung der Urbilder von Kreuz und Mensch ist der Preis, der für die Ausbildung der einzigartigen Individualität zu zahlen ist.

Die eigentliche Aufgabe des Menschen ist darum die »Wiederherstellung des Kreuzes«, nämlich des harmonischen, regelvollen Urkreuzes oder, weil dies außer für den Heiligen sonst nicht möglich ist, wenigstens eine möglichst große Annäherung an dieses. Hierzu aber ist als Voraussetzung die Erkenntnis des eigenen »verschobenen« Zustandes, der Abweichung vom Urstand, notwendig. Dies bezieht sich sowohl auf den durch die Geburt bewirkten Zustand wie auf jenen, der durch die Summe der Fehlhaltungen im Lebensvollzug zustande gekommen ist.

Die Tabelle zeigt nun acht korrupte Kreuzformen als Ausdrucksweisen der häufigsten extremen Abweichungen von der heilen Grundsituation. Bei ihrer Betrachtung kann man inne werden, welche der acht der eigenen Situation nahekommen. Dadurch ist Selbstkenntnis möglich und Korrektur des Mißverhältnisses der beiden Grundkräfte des Seins, der horizontalen und vertikalen Richtung[14].

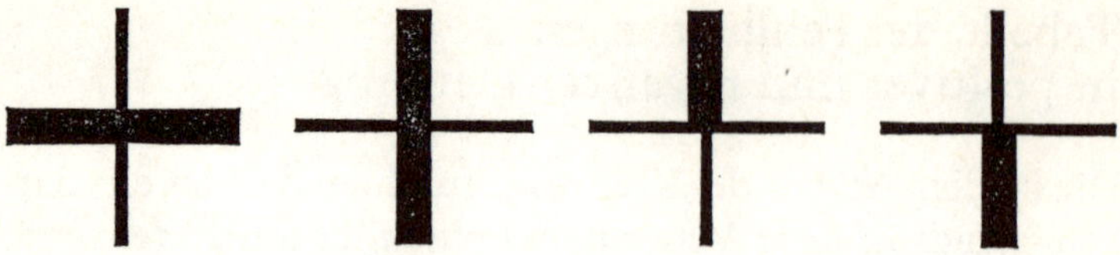

1 2 3 4

1 positiv: Erdverbundenheit, Fürsorgedenken, Beruhen in der Tradition, Empfinden für alles Gemeinschaftliche
negativ: Verfallensein an das Dingliche, Überbetonung des bloßen Soseins und der biologischen Bedingtheiten

2 positiv: intensives Streben über alles Bedingende hinaus, ideenhaftes Verständnis des Daseins, schöpferische Unruhe
negativ: Entsinnlichung des Denkens, unrealistische Begeisterung, Flucht aus irdischen Bindungen zugunsten »reiner Geistigkeit«

3 positiv: höchste, leibfreie Geistigkeit und vorstellungslose Gotteserfahrung, mathematisches Verständnis des Lebens
negativ: Verlust der Erdbindungen, abgespaltener Intellekt, das Religiöse abstrakt, Mangel an Nächstenliebe

4 positiv: zweckgebundene, »vernünftige«, auf praktisches Tun gerichtete Geistigkeit
negativ: infolge geistiger Zweckgebundenheit Neigung zur Ideologie, Depression, Überschätzung des Herkömmlichen

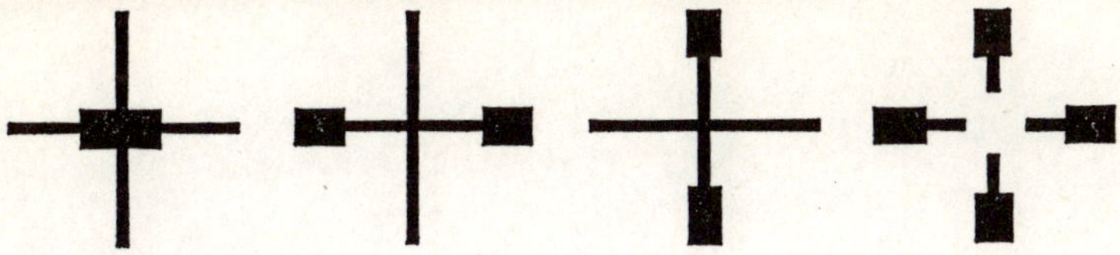

5 6 7 8

5 positiv: Konzentration auf die Aufgabe unter Verzicht auf Gemeinschaft und soziale Bindung
negativ: Selbstsucht, das irdische Ich anstelle des ewigen, Kontakt- und Gefühllosigkeit

6 positiv: äußerste Hingabe an die Gemeinschaft, die als einzige Realität empfunden wird
negativ: Übergewicht der Außenwelt und der Verhältnisse, Diktat der Sozialideologien und der Sozialtheologie

7 positiv: Erfahrung der Polarität des Daseins, äußerste Spannung der Gegensätze, dualistische Weltanschauung
negativ: Spaltung von Trieb- und Geistsphäre, zwanghaft triebhaft und religiös, Unvereinbarkeit beider Sphären

8 positiv: leere Mitte, Gotterfahrung ohne Gestalt und Voraussetzung, Kontakt nach allen Seiten
negativ: Verlust der Mitte, Zerfall der Persönlichkeit, Gegensätze sind unvereinbar, alles ist anempfindbar, jedoch ohne Verpflichtung, Selbstlosigkeit aus Schwäche

Anmerkungen

[1] Der Ansatz zu einer Kreuzsymbolik ist bereits in meinem Buch »Christliche Bildmeditation«, München 1975 (Kapitel »Die Meditation des Kreuzes«) enthalten. Dort ist der Versuch unternommen, das nur historische Verständnis des Kreuzes zugunsten eines spirituellen zu überwinden und wieder Anschluß an die Symboltheologie der frühen Väter zu finden, die von Hugo Rahner für unsere Zeit wiederentdeckt wurde.

[2] C. G. Jung hat sich in seinen Büchern oft über den Mißbrauch östlicher Meditationsmethoden im Westen geäußert. Es seien im folgenden nur zwei Texte aus seinem Kommentar zu: Das Geheimnis der goldenen Blüte. Ein chinesisches Lebensbuch, München 1965, zitiert: »Westliche Nachahmung (östlicher Methoden) ist tragisches, weil unpsychologisches Mißverständnis, ebenso steril wie die modernen Eskapaden nach Neu-Mexiko, seligen Südseeinseln und Zentralafrika..., wobei indessen der abendländische Kulturmensch seinen drohenden Aufgaben ›hic Rhodus, hic salta‹ heimlich entwichen ist. Nicht darum handelt es sich, daß man unorganisch Fremdes imitiert oder gar missioniert, sondern daß man die abendländische Kultur, die an tausend Übeln krankt, an Ort und Stelle aufbaut und dazu den wirklichen Europäer herbeiholt in seiner westlichen Alltäglichkeit, mit seinen Eheproblemen, seinen Neurosen, seinen sozialen und politischen Wahnvorstellungen und mit seiner ganzen weltanschaulichen Desorientiertheit.«

»Wir haben das Haus zerfallen lassen, das unsere Väter gebaut haben... Wenn man nun versuchte, seine Blöße mit orientalischen Prunkgewändern zu decken, so würde man seiner eigenen Geschichte untreu. Man wirtschaftet sich nicht erst zum Bettler herunter, um dann als indischer Theaterkönig zu posieren.« Jung rät darum, die östlichen Meditationsmethoden, die er so gut kennt (durch Wilhelm, Zimmer und Suzuki), zu meiden und sich jener Methoden zu bedienen, die aus dem Wesen und den Bedingungen der europäischen Seelengeschichte hervorgegangen sind.

[3] Friso Melzer, Innerung, Wege und Stufen der Meditation, Kassel 1968.

[4] Große Ausgabe, München–Freiburg i. Br. 1974.

[5] Das »Kreuz der Wirklichkeit« ergibt sich erst, wenn man die Eindimensionalität des Denkens und Schauens überwindet. Es beruht nämlich auf der Gleichzeitigkeit zweier Gegenrichtungen, einer komplementären Schau des Vorgegebenen. Wirklichkeit entsteht nicht durch bloße Daseinsfunktion – Wirklichkeit enthüllt sich erst, wenn wir mit beiden Augen des Geistes schauen – zwei in eins.

[6] Eugen Rosenstock-Huessy, Des Christen Zukunft oder Wir überholen die Moderne, München 1956.

[7] Olten–Freiburg i. Br. 1972.

[8] Tagungsbericht d. Int. Gem. Arzt und Seelsorger, München [2]1973.

[9] Siehe Anm. 5.

[10] Siehe »Das christliche Mysterium von Sonne und Mond«, in: Hugo Rahner, Griechische Mythen in christlicher Deutung, Zürich 1943 ff.

[11] Werner Müller, Die heilige Stadt, Stuttgart 1961.

[12] Hugo Rahner, Antenna crucis, das mystische Tau, Zeitschrift für katholische Theologie 1953, Heft 4.

[13] Gleiches gilt von den Träumen, wenn sie durch das psychoanalytische Gespräch bewußtgemacht und gedeutet werden. Dadurch verändern sie ihre Richtung und Symbolik – sie werden durch die Bewußtwerdung beeinflußt.

[14] Das Schema der Fehlhaltungen des Kreuzes wurde erstmals 1953 entwickelt von Dr. Helmuth Stolze. Hier wird es abgewandelt, erweitert und kurz kommentiert vorgelegt.